# Mit S.Y.Braveheart durch Hurrikan „Debie"

von

**ERICH BEYER**

**Überstellungstörn mit Hindernissen, von Tortola/B.V.I. nach Ft. Lauderdale/Florida**

Herstellung und Verlag:
BoD-Books on Demand, Norderstedt
ISBN: 9783751976091

# INHALTSVERZEICHNIS:

*Vorwort:*                                    Seite 011

1.Kapitel:                                    Seite 013
*„Mit Problemen wieder zurück zu Carol Anne"*

2.Kapitel:                                    Seite 021
*Übernahme von „Braveheart" mit vielen Problemen*

3.Kapitel:                                    Seite 036
*Dom.Rep. „Samana mit Hurrikan Debie"*

4.Kapitel:                                    Seite 067
*Weiter in die Bahamas und Florida!*

5.Kapitel:                                    Seite 092
*Kampf um Lohn!*

*Nachwort*                                    Seite 095

5

*"Braveheart" in Tortola B.V.I. am 25. Juli 2000 Marina in Road Harbour*

Boot zum Überstellen: **S.Y. BRAVEHEART**

**"Oceanis 461" Beneteau 46 – Moorings 46 -** Sloop
**LüA:** 14,00 m
**LWL:** 11,90 m
**HüWL:** ???   **HüD:** ???
**Breite:** 4,525 m          **Tiefgang:** 1,75 m
**Segelfläche a.W.:** 85 m2
**Verdrängung:** 9500 kg          **Ballast:** 3300 kg
**Motor:** Yanmar  Diesel 4 Zylinder  50 PS
**Rumpfmaterial:** GFK          **Werft:** Marion, SC
**BJ:** 1996  Heimathafen: Annapolis Maryland / Eigner: Douglas V.Wade
Batterien: Verbraucher 360 Ah  Starter 90 Ah
Diesel: 200 Liter  Wasser gesamt 785 Liter
BB+STB Tank je 67 Gal. 255 Liter,  Bug Tank 72 Gal. 275 Liter
Kühlschrank 60 + 130 Liter

### Skipper und Autor: ERICH BEYER

Geboren am 25. Mai 1950 in Österreich, gelernter KFZ Mechaniker, eine Sommersaison als Matrose auf der Donau mit der „M.S.BUCHENAU" zwischen Regensburg und Russland. Über Abendkurse in Schwachstromtechnik und Elektronik über Elektriker in fast alle Berufssparten rein geschnuppert. Lange Jahre als Disc Jokey durch die Lande gezogen und nach Anzeigenleiter bei Bezirkszeitung Hietzing mit eigenem Werbebüro Pleite gegangen. In den 70igern Jahren von Freunden nach Mali Losinj gelockt worden und mit den verschiedensten Motorbooten die Adria unsicher gemacht. Ich machte sogar wirklich eine Prüfung um das "Küstenpatent" zu erhalten. (Was man von den meisten die es haben, nicht behaupten kann, und daran hat sich auch im nun "freien" Kroatien nichts geändert). Um einmal von einem Törn gute Fotos und einen Film zu bekommen, wurde ich von meinem Freund Karl Sallmuter 1982 zu einem Törn auf die "Nina" eine "Formosa 51" mit 33 Tonnen und 146 m2 Segelfläche eingeladen. Dies war mein erstes Segelboot das ich betrat, (von einem kurzen Erlebnis in meiner Jugend auf der Alten Donau, wo ich dann für das wieder aufrichten einer Jolle, 300.- Schilling bezahlen musste, mal abgesehen), auf der "Nina" imponierten mir die Manöver von Karl so sehr, daß ich begierig von ihm segeln lernte und nach ein paar Törns mit ihm, fähig war, meine eigenen Segelboote zu chartern. Nachdem ich bereits in diesen Jahren jede Menge „Skipper" mit allen möglichen Segelscheinen kennen lernte über die ich schon in meinen anderen Büchern teilweise berichtet habe, stand ich bereits in dieser Zeit mit dem deutschen und österreichischen Segelverband auf Kriegsfuß. Da mir mit meiner Größe von 1,96 m das Jollensegeln nicht besonders behagte, und ich ja auf einem „Dickschiff" das Segeln lernte, hatte ich natürlich keinen „A – Schein", den man aber verlangte um den „B-Schein machen zu können. Da diese Regulation des Segelverbandes mir nicht in den Sinn ging, fuhr ich nach Holland, (wo man eigentlich überhaupt keinen Segelschein brauchte um ein Boot zu führen) und machte in einer Segelschule auf dem Ijselmeer auf freiwilliger Basis den sogenannten BR und BK Segelschein!

Da ich dann eigentlich mehr Zeit in der Adria und im Mittelmeer verbrachte, hatte ich genug Zeit, um zu lernen und Erfahrungen zu sammeln und machte noch bei der Jugoslawischen Berufsmarine mein Patent bis 25 BRT und das englische Funksprechzeugnis. Nach Dutzenden von gecharterten Segelbooten von allen möglichen Charterfirmen über die ich hoffentlich auch mal ein Buch schreiben werde, machte ich in einer Art, Eignergemeinschaft mit einer Jeanneau Fandango ein Jahr die Adria unsicher. Nachdem ich nun schon genug Seemeilen hinter mir hatte, konnte ich für das Patent der Berufsmarine bis 50 BRT antreten, wo ich aber Logbuchmäßig nachweisen musste mindestens 10.000 Seemeilen und ein Jahr als Skipper gefahren zu sein. Vor sechs hochdekorierten alten Kapitänen, wo ich mich nicht mal ausreden konnte die Fragen nicht richtig verstanden zu haben, da alle perfekt Deutsch und ein paar andere Sprachen mehr, sprachen, legte ich in Rijeka, trotz einmal verrechnen bei einer Sonnenstandlinie, gekonnt meine Prüfung ab.

Bei einem Törn mit einer „Mön 27" der „Antn" lernte ich in den Kornaten im Restaurant Katina bei der „Vela proversa" eine Crew kennen, die mit einer „Shogun" unterwegs war, aber keine Ahnung von Navigation hatten und ich dem „Skipper" Herbert ein paar Unterrichtsstunden in Navigation gab. Unter anderem wurden wir Freunde und hielten auch noch in Wien Kontakt, und mit Erich und Gustav von dieser Crew als Partner gründeten wir 1984 den „Segelclub – ANKH" (der leider jetzt zum Sterben verurteilt ist, siehe www.segelclub.ankh-refugium.com), und kauften die erste „Key of life" eine 38 Mahagoni Sloop von Sparkman & Stephens. Mit meiner zu dieser Zeit Partnerin und Verlobten Gabriele, legten wir in den folgenden sieben Jahren zwischen Lignano, Zadar und Malta über 22.000

8

Seemeilen zurück bis am 14. April 1990 etwa drei SM vor der Küste von Lignano ein Feuer an Bord ausbrach. Langes Streiten mit der Versicherung bis sie endlich, zu wenig, bezahlte und kein Boot um in der neuen Saison wieder Geld machen zu können um zu überleben, zwangen mich das Boot zu verkaufen. Da wir eigentlich von hier zu einer Weltumsegelung starten wollten, nachdem wir das Boot generalüberholt hatten, war ich am Boden zerstört und versuchte in Wien wieder neu zu starten, und ich habe mir geschworen nie wieder ein Boot sehen zu wollen! Dann folgte der Bruch mit meiner nun bereits Verlobten Gabriele und ich versuchte mich als Fahrer eines Geldtransporters in einem Panzerwagen. Da nach der langen Zeit des Bordlebens, das Leben in Wien eher freudlos war, kam mir ein Anruf aus Deutschland von meinem Freund Heino sehr gelegen, der mir vorschlug seinen Motorsegler „MANUDA", eine „Cascaruda 45" als Clubyacht zu nehmen und doch wieder mit meinen Clubmitgliedern zu segeln.

Es brauchte nicht lange um mich zu überreden, vor allem da ein ehemaliges Crewmitglied der „Key of life" , Gabriela, die mir half meine Biografie über und gegen die österreichische Gesellschaft und Regierung in Buchform in einen Computer zu bringen mich als Partner begleiten wollte.

*(„Zum Denken verurteilt" 316 Seiten Buch ISBN: 9783734751295).*

Da mit Gabriela mehr als nur eine Freundschaft entstanden war, regte sie mich dazu an, diesen Vorschlag anzunehmen und sie als Partnerin mit an Bord zu nehmen. So brachten wir die „Manuda" im April 1992 nach Malta wo wir sie im folgenden Winter in einer Werft für die Clubbedingungen umbauen ließen und auf „Hochglanz" herrichteten. 1993 überstellten wir die „Manuda" wieder in die Adria, wo wir, bedingt durch den noch herrschenden Krieg in Kroatien keinen besonders guten Start hatten. Mit meinem Job als Panzerwagenfahrer im Winter und mit Hilfe von Heino schafften wir es aber doch den „Segelclub – ANKH" am Leben zu erhalten und legten bis im September 1999 auf der „Manuda" ebenfalls über 19.000 Seemeilen zurück.

Da ich nach nun bereits über 60.000 Seemeilen alleine in der Adria, und glaubte genug gesehen zu haben und vor allem da die Situation in Kroatien mit Gebühren und den Charterbooten immer schlimmer wurde, beschlossen Gabriela und ich, da wir von der Adria endgültig die Nase voll hatten und wir im wahrsten Sinne des Wortes, „auf der Stelle traten", da wir in jeder Saison wieder bei null anfingen, alles in Wien aufzugeben um erneut einen Versuch zu einer Weltumsegelung zu machen. Aber mein

Freund Heino war darüber nicht so begeistert wie wir und wollte uns die „Manuda" nur für drei Jahre überlassen und wollte sie dann wieder in der Adria haben. Da wir nicht vorhatten einen Rekord brechen zu wollen, und in drei Jahren man sicher nicht sehr viel von der Welt sehen kann, entschlossen wir uns in die USA zu fahren um dort ein Boot zu kaufen. Vor allem, da die Preise um zwei Drittel und mehr niedriger sind als in Europa.

Es gelang uns Gabrielas Wohnung zu verkaufen, aber leider nicht meine, aber wenigsten schaffte ich einen Mitbewohner zu finden, um keine hohen Zinskosten zu haben und wir flogen für vier Wochen nach Florida, um unser Boot zu finden. Um unseren Plan und die Partnerschaft zu besiegeln, heirateten wir am 30. September 1999 im Courthouse von Broward County in Ft. Lauderdale in einem echt „kitschigen" amerikanischen Trauungssaal mit einer charmanten Friedensrichterin.

Ein paar Tage später fanden wir unseren „Stein" die jetzige „KEY OF LIFE I" zu einem unglaublich günstigen Preis und noch viel Arbeit an ihr, die noch auf uns wartete. Daß wir unser Boot und die Flitterwochen gleich mit „Hurrikan Irene" einweihen konnten, darauf hätten wir eigentlich verzichten können oder als „Omen" deuten, was das „gelobte Land" USA noch für uns auf Lager haben wird.

*Wachführer, Crew, Freund, Partnerin und Ehefrau :*
**GABRIELA BEYER-ALBRECHT**

Geboren 29.Mai 1963 in Wien, nach Matura, Fachschule für Wirtschaftswerbung, nach Ausübung des Grafiker- und Dekorateurs über Fotolabor mit einem Partner zu eigener Firma mit Desktop Publishing gekommen. Nach Aussteigen aus der Firma, Einschulung in die Bootsführung und Ablegen der Prüfung für das Küstenpatent und in der Funktion als Wachführer auf der „Manuda" , und nun als Wachführer, Crew, Partnerin und Ehefrau auf der „KEY OF LIFE I" unterwegs.

# *Vorwort*

Wichtig ist nicht, was und wie man etwas schreibt, sondern, daß man es schreibt. Ich bin kein Schriftsteller, weil mir die Gabe der ausschmückenden und leider nur allzu oft höchst fantasievollen Schriftstellerei fehlt. Ich sehe mich eher in der Position eines Berichterstatters, eines Journalisten. Ein Bericht ist immer noch die ehrlichste Form, um Begebenheiten und Situationen möglichst objektiv in einer lesbaren Art und Weise mit den dazugehörigen Erklärungen darzustellen. So wie es früher einmal die Journalisten dargestellt haben. Aber leider wird heutzutage nur mehr Sensationsjournalismus gebracht, um höhere Verkaufsquoten zu erzielen, dabei steht die Wahrheit eher weit „hinten". Nun habe ich ja schon in zwei Büchern über unsere verblödete Gesellschaft geschrieben, und ebenfalls wahrheitsgetreu über unser Leben auf der „Key of life I" in der Karibik und versuche hier unser kurzes „Abenteuer" mit der „S.Y.Braveheart" zu beschreiben.

Dank eines, damals „noch" Freund Geir, der sogar unser Trauzeuge war, ein Norweger der sich nun in den USA nieder gelassen hat, und wie viele tausende in Florida, nun versucht seinen Lebensunterhalt als „Boatbrooker" zu verdienen, und daher leider keine Zeit hatte, diesen Überstellungstörn für die Charterfirma Mooring selber zu machen, kamen wir zu diesen Job. Da es ja mitten in der Hurrikan Saison war, suchten die einen Skipper der natürlich auch eine Lizenz als Kapitän hatte, was ja die meisten in den USA nicht haben und nur dann verpflichtet brauchen, wenn sie gegen Bezahlung Personen befördern, da sonst bei einem eventuellen Schaden, der ja in der Hurrikan Saison nicht so abwegig ist, die Versicherung nicht zahlen würde, falls ein Skipper ohne Schiffspatent als Schiffsführer an Bord wäre.

Da unser Start im „Micky Maus" Land, alles andere als gut war, und unsere Finanzlage schon zu Beginn nicht gerade rosig war, nachzulesen im Ersten Teil meiner Trilogie:

Unter dem „Key of life" 1. Teil      Buch ISBN-13: 9783743152038
„Weltumsegelung, der 3. Versuch"    476 Seiten davon 75 in Farbe,

waren wir froh, diesen Überstellungstörn mit der „S.Y.Braveheart" von Tortola B.V.I. nach Ft. Lauderdale / Florida zu bekommen.

11

Mit Geir und Bob von Mooring alles besprochen, und ich veranlage mal einen Zeitrahmen von zehn Tagen für die knapp 1200 SM[1] von Tortola nach Ft.Lauderdale und für Gabriela und mich als Skipper pro Tag 200.- US$ was eigentlich billig ist, Flugtickets und Verpflegung extra, versteht sich. Da unser Budget etwas „angeknackst" ist, kauft Geir die Tickets für uns, und ich kann sie dann bezahlen, wenn wir unser Geld von Moorings und Eigner von „Braveheart" Douglas bekommen.

Da kein Dingi[2] an Bord von Braveheart ist, noch eine Rettungsinsel vorhanden ist, müssen wir unser eigenes Dingi mitnehmen um wenigstens irgendwo an Land gehen zu können, falls keine Mole oder Steg vorhanden ist, und wir nur vor Anker liegen können. Da es auch mit Kartenmaterial sicher nicht gut aussehen wird, leiht uns Geir noch ein paar amerikanische Chartbooks[3], die, wie wir später in Erfahrung brachten, speziell in den Bahamas sehr ungenau und „wertlos" sind, und ich denke sehnsüchtig auf die genauen und guten Seekarten aus dem alten Jugoslawien zurück.

Nachdem ich die Erlaubnis habe, gegen Gebühr versteht sich, unsere „Key of life I" in der Zeit des Überstellungstörn wieder hinter Carol Anne ihrem Haus in Ft. Lauderdale an den Steg zu legen, steht unserer Abreise nichts mehr im Weg.

---

[1] SM: "Seemeile" ist 1852 m lang. 1/10SM = Kabellänge = 185m
[2] DINGI: Kleines Beiboot, oft ein Schlauchboot das auch scherzhaft „Radierer" genannt wird.
[3] CHARTBOOK: Seekarten in Buchform, man kann darin aber eigentlich nicht arbeiten, noch einen Kurs einzeichnen, denn man kann nicht mehr als einmal darauf radieren, ohne das sie sofort kaputt gehen!

# 1.Kapitel:
## „Mit Problemen wieder zurück zu Carol Anne"

Am Sonntag den 23. Juli 2000 morgens bekomme ich Email von Geir, daß ich ihn sofort anrufen soll. Wir fahren mit Dingi an Land und ich rufe von Wolfgang aus, Geir an und er sagt mir das wir sofort nach Ft. Lauderdale kommen sollen da unser Flug am Dienstag nach Tortola geht! Wenn er mir das gleich im Email geschrieben hätte wären wir schon unterwegs und hätten uns erspart mit dem Dingi an Land zu fahren, manchmal zweifle ich schon sehr an ihm, ich glaube er ist schon zu lange in dem Land.

Wir machen das Boot klar zum Auslaufen und als ich Außenborder verstauen will geht das Vorhängeschloss nicht mehr auf, mit dem ich den Motor gesichert habe um das Stehlen etwas zu erschweren. Das Salzwasser hat dem Schloß etwas zu sehr zugesetzt und es ist auch nach einsprühen mit "WT40" und div. anderen Rostlöser nicht mehr zu bewegen sich zu öffnen! Da man aber den Außenborder immer abgesperrt halten muß, da er sonst sofort "Füße" bekommt war das Schloß bereits eine Weile montiert, nun blieb mir nichts anderes übrig, als es aufzuschneiden! Hier war es wieder gut, daß ich den kleinen mit Batterie betriebenen Winkelschleifer von „Makita" habe, nach ein paar Minuten war das Schloß offen, mit der Eisensäge hätte ich sicher mehr geschwitzt und länger gebraucht, ein Hoch auf die Technik!

Es ist für die Fahrt nach Ft. Lauderdale schon spät und als wir um 1530 Anker hochgehen wollen, bekommen wir natürlich den Anker nicht mehr rauf! Ich habe aber schon mit ähnlichem gerechnet, da der Anker bei den letzten Gewittern mit starken Böen überraschend gut gehalten hatte und ich mich schon gewundert habe über diesen guten Ankergrund! Mit Motorenhilfe und der Ankerwinsch bekomme ich den Anker bis zur Wasserlinie hoch und sehe das er mit etlichen alten Muringseilen vertörnt (verdreht) ist. Es dürfte hier früher mal eine Muring gewesen sein da ein alter "Grundbohrer" mit restlichem Seil daran an unseren Anker hängt. Mit dem Bootshaken kann ich unseren Anker freibekommen und wir können endlich vom Ankerfeld abfahren.

Wir verlassen *Biscayne Bay* diesmal nicht durch den Hafen von Miami sondern durch den *Biscayne Channel* der tief genug für uns ist und gehen vorbei an alten "Pfahlbauten" die entweder nur für Wochenende gedacht waren aber jetzt unbewohnt scheinen. Allerdings sind ein paar dieser Häuser auf den Plattformen ganz schön groß und es wäre sicher lustig darauf zu leben, wenn es nicht etwas weit mit dem Dingi zu rudern wäre bis man beim nächsten Supermarkt ist! Rundherum ist es teilweise nur einen halben Meter tief und an manchen Stellen fällt es sogar trocken, an sich ist die ganze *Bay Biscayne* an der tiefsten Stelle nur knapp 10 Meter tief. Es gibt weiter südlich nur mehr ganz selten einen Kanal wo man die Bucht verlassen kann und dann nur bei Hochwasser wenn man so wie wir, einen Tiefgang von 1,83 m hat!

Um 1735 haben wir "Cape Florida" auf 300° Peilung und ich setze die Genua bei relativ groben Schwell aus Ost und nur 2-3 Bft Wind. Um 1850 haben wir gerade 4 Seemeilen geschafft und der Wind schläft total ein aber dafür bleibt der Schwell, ich berge die Genua[4] drei Seemeilen vor dem *Goverment Cut*, der Hafeneinfahrt von Miami, eigentlich wäre an BB genau auf der anderen Seite von *Key Biscayne* die Nixon Villa, und wir motoren in Richtung Ft. Lauderdale. Um 2350 sind wir bei der Hafeneinfahrt von Ft. Lauderdale *Port Everglades* und kommen ohne Probleme durch die Einfahrt da wir mit der noch restlichen Flut einlaufen können, im *Turning Basin* haben wir bereits Montag den 24. Juli und in zwei Stunden, um 0159 haben wir in *Port Everglades* Hochwasser. Mit meinen nur 25 PS und 20 Tonnen, muß ich diese Dinge hier immer im Auge behalten, bei vielen *Cuts* kann ich gegen die Tide nicht ein oder auslaufen da die Strömung zu stark ist und es ist gar nicht lustig wenn man dann in einer Einfahrt oder vor einer Brücke den Anker fallen lassen muß weil man es nicht mehr schafft gegen an zu kommen und dann warten muß bis die Tide kippt und man weiter kann! Von dem mal abgesehen, daß es natürlich verboten ist in der Einfahrt oder vor der Durchfahrt einer Brücke den Anker zu setzen, aber mit wenig Motorkraft ist das die einzige Chance nicht irgendwo gegen die Felsen gedrückt zu werden! Da wir nun auch noch das letzte einlaufende Wasser mit uns haben ist es für mich leichter gegen den Strom den *New River* hinauf zu laufen.

Nach der Hafeneinfahrt gehen wir in Richtung Nord in den *Intracoastal* und unter der ersten Brücke durch, auf der die 17th Straße ist, diese Brücke ist für uns kein Problem, wir haben Höhe über Wasserlinie 14,9 Meter (ca. 49 Fuß) und die Brücke hat eine lichte Höhe von 54 Fuß also kommen wir auch mit unserer Funkantenne noch darunter durch. Es

---

[4]     Auf Position 25°42' N und 80°06' W

erinnert mich an Kroatien zurück wo wir immer unter der Brücke bei der *Zdrelac Enge* in Richtung *Kornaten* gelaufen sind. Mehr Probleme bereitet eher, daß man nicht die Marker aus den Augen verliert! Es ist an sich Idiotensicher gemacht und jeder Marker hat sogar eine Nummer aber, ersten sieht man sie in der Nacht nur sehr schwer und zweitens hat man nicht lange Zeit sie in der Karte zu suchen wenn man mal einen übersehen hat, etwas aus der Mitte oder gar einen Marker auf der falschen Seite genommen und man läuft auf Grund! Es gibt zwar auch an markanten Stellen "Leuchtfeuer" aber die sind gegen die manchmal hell erleuchteten Ufer nur sehr schwer auszumachen. Bevor man allerdings in Richtung Osten den "New River" hinauflaufen kann kommt eine Gabelung wobei in der Mitte ein dreieckförmige Untiefe liegt, die sehr seicht ist!

Der *Intracoastal* dreht nach STB ab und man muß an dieser Untiefe mit nur unbeleuchteten Markern an BB vorbeilaufen bevor man dann hart BB nach Osten in den *New River* einsteuern kann. (Wenn es Tag wäre könnte man, vor der an STB liegenden großen Villa im Garten das *"La Cost Krokodil"* sehen woran man erkennen kann wem diese Villa gehört) Ich erinnere mich an alte Zeiten, wo die B-Schein Prüflinge Angst vor der Nachtansteuerung von *Grado* hatten! Ich habe keinerlei Probleme und sehe auch in der Nacht ziemlich gut aber im *New River* vor den Brücken unsere Key of life mit den 20 Tonnen und etwas mickrigen 25 PS in der Mitte zu halten, lassen mir manchmal die Schweißperlen aufsteigen!! Obwohl ich sogar spezielle Karten für die *"waterways"* habe kann es eng werden, speziell wenn einem die Strömung auf eine Brücke zutreibt und die Brücke öffnet nicht und der Motor schafft es kaum sich gegen die Strömung zu halten, hier kann einem manchmal noch mehr als der Schweiß kommen, das könnt ihr mir glauben und ich übertreibe sicher nicht.

Da es ja nun bereits 0100 früh war hatten wir den Vorteil, daß außer uns niemand unterwegs war und hoffentlich keiner der Brückenwärter schlafen würde. Kurz vor dem *"New River Walk"* kommt der *"Federal Highway #1"* aber hier ersparte man sich die Brücke und man fährt über den Highway darüber hinweg, ein eigenartiges Gefühl wenn man weiß, daß die Autos unter dem Fluß unter dem Boot durchfahren. Über VHF Kanal 9 rufe ich die erste Brücke an der *SE 3rd Avenue* und *"request an opening"* und der Brückenwärter hat mich bereits gesehen und öffnet die Brücke auch sofort für mich. So gesehen hat die Nacht natürlich Vorteile da ja fast kein Verkehr ist, am Tage kann es schon passieren, daß man über eine Viertelstunde warten muß bevor die Brücke geöffnet wird

15

und von 1630 bis 1730 bleiben sie ja überhaupt geschlossen oder wie an der *17th Straße* die nur zur vollen und halben Stunde öffnet wenn man darum ansucht! Ich hatte allerdings mein Funkgerät auf volle Stärke eingestellt und somit habe ich ihm die Anzeigen und wahrscheinlich die Ohren verbogen! Der Brückenwärter machte mich darauf aufmerksam und ich stellte mein Gerät auf „einen" Watt zurück. Durch meine vorher "raus geblasenen" sechs Watt hat mich aber bereits der Brückenwärter von der *"Andrews Avenue"* gehört und sagte mir, daß er öffnen würde wenn er mich sehen wird. Diese Brücken sind nur ein paar hundert Meter voneinander entfernt und somit gab es keinerlei Probleme was mich etwas erleichterte.

An BB liegt das *"Court House"*, das Bezirksgericht wo Gabriela und ich geheiratet haben und an den Ufern des New River etliche Dollarmillionenschwere Luxusjachten. Kurz nach der *Andrews Avenue* kommt eine Eisenbahnbrücke die aber normalerweise immer offen ist und nur wenn ein Zug kommt wird an der Seite an einer großen Leuchttafel angezeigt in wie viel Minuten die Brücke geschlossen wird, jetzt war sie offen und kein Zug störte meine Weiterfahrt. Da nun bereits jeder wusste, daß ein österreichisches Segelboot den New River hinauffährt, waren die Brückenwärter eigentlich sehr hilfsbereit und der Brückenwärter von der nächsten Brücke, der *SW 4th Avenue*, avisierte mich sogar bereits bei der Brücke vom *"Davie Boulevard"* damit ich nicht extra anfunken musste! Der New River ist teilweise sehr eng mit vielen engen Kurven und es gibt jede Menge Marinas und natürlich etliche Seitenarme und zu guter Letzt teilt er sich dann in zwei Arme, den *North-* und *Southfork*!

Wie ich ja schon geschrieben habe, bin ich erst ein einziges Mal den New River runter gefahren wobei Geir meinen Lotsen spielte. Zu dem Zeitpunkt hatten wir noch keinen Mast gestellt, nur eine Notpinne und ich fuhr das erste Mal mit der Key of life und somit alle Hände voll zu tun und ich nicht viel Zeit hatte mir die Gegend anzusehen und nun war es auch noch Nachts!! Obwohl Gabi am Bug stand und versuchte die richtige Richtung zu finden, war es nicht leicht gegen die Lichter der großen Marinas, irgendetwas zu erkennen oder zu sehen, wir waren so stark geblendet, daß wir nur "schwarz" rundherum sahen! Bei einer Marina mit dem treffenden Namen, *River Bend Marina,* fuhren wir in die Einfahrt der Marina statt den Fluß entlang der hier hart nach STB abbog. Wieder mit dem Retourgang aus der Marina zu kommen war ein "Kapitel" für sich aber ich schaffte es! Trotz Gabi am Bug als Lotsen gelang uns diese Aktion in ähnlicher Form noch zweimal aber es wäre jetzt leicht nur der Gabi die

16

Schuld zu geben, ich hätte es am Bug wahrscheinlich auch nicht besser ausmachen können die starken Lichter mit den überwachungs Scheinwerfern in den Marinas waren "tödlich" und man war geblendet obwohl ich bereits so langsam fuhr, daß ich gerade noch manövrieren konnte, aber es nützte nichts und so sind wir eben dreimal in die "Garage" gefahren.

Die vorletzte Brücke wo der *Interstate Highway 95* darüber führt ist eine fixe Brücke mit lichter Höhe von 55 Fuß und danach kommt nochmals eine Eisenbahnbrücke die aber bereits mit viel Lärm in die Höhe ging als wir näherkamen, daß war übrigens bevor wir kurz danach das dritte und letzte Mal in die "Garage" fuhren! Ab hier war es dann nur mehr dunkel und im New River selber gab es keinerlei Marker also gingen wir die ca. letzten zwei Seemeilen in Schleichfahrt den *"South Fork"* entlang. Normalerweise waren zwischen den Kanälen immer Schilder die anzeigten, welche Straße dazwischen liegt, ich brauche natürlich nicht extra zu sagen, daß wir kein einziges Schild sahen obwohl wir schon an zig Kanälen vorbeigefahren sind! Wir sahen uns fast die Augen aus dem Kopf um zu sehen wohin wir gehörten und welcher Kanal nun zur *Marathon Lane* gehörte wo unser Liegeplatz war!

Vor einem der unzähligen Seitenarme lag eine kleine Insel mit ca. 2m Durchmesser und einem Gebüsch darauf und ich war mir nicht sicher ob ich nun STB oder BB daran vorbei gehöre, auch Gabi war wieder als "Lotse" keine große Hilfe und als ich in der Dunkelheit erkannte, daß die Insel doch an STB liegen bleiben muß und versuchte unsere 20 Tonnen nach BB zu lenken, spürte ich, daß ich leicht in die Knie ging und wir ganz sanft stoppten! Die Insel war zwar sicher noch eine halbe Bootslänge entfernt aber es war bereits zu seicht für unseren Tiefgang von 1,83 Metern. Ich versuchte eine Weile mit dem Retourgang und heftigen bewegen der Pinne frei zu kommen, wir bewegten uns zwar ein wenig aber die 20 Tonnen steckten im Schlamm fest der uns richtig ansaugte!

Da wir ja nun 95.- Dollar im Jahr bezahlen und *"Sea Tow Member"* sind will ich unseren Motor nicht weiter quälen und funke über Kanal 16 *"Sea Tow"* an die mich ja nun kostenlos frei schleppen müssen. Da ja in der Nacht nichts los ist, Samstag und Sonntags schaut die Sache anders aus, macht sich sofort ein Boot auf den Weg um mich aus den Schlamm zu ziehen, allerdings kommt er von *"Port Everglades"* wo sie bei der Brücke von der *17th Avenue* ihren Stützpunkt haben, und da im New River ein striktes Tempolimit besteht wird es eine Weile dauern bis er bis zu uns raufkommt, da wir ja schon fast am Ziel waren. Es war 0220 und da es bereits egal war machte uns Gabi etwas zu essen, wir waren ja doch seit 1530 unterwegs und hatten noch nichts warmes gegessen, also nützten wir die Gelegenheit aus und aßen im Cockpit gemütlich das restliche Rindfleisch mit Hörnchen.

Wenn wir nicht auf Grund sitzen würden, wäre die Sache richtig romantisch gewesen, es war total still und ruhiges Wasser und wir saßen mitten im *New River* und *"dinierten"* in aller Ruhe! Um die Situation nicht zu vergessen habe ich natürlich die Position aufgeschrieben, es war immerhin das erste Mal, daß ich auf Grund gelaufen war, eigentlich gehörte es gefeiert und wer weiß, vielleicht wird auf der Position 25°05'32" N und 80°10'99" W , mal ein Denkmal (oder eher ein Mahnmal) errichtet:

*"Hier ist Beyer auf Grund gelaufen"*!

Um 0313 versuchte ich nochmals mit dem Motor freizukommen und da ja hier im Landesinneren die Flut fast über eine Stunde später voll einsetzt war ich nach kurzer Zeit frei und wir konnten weiterfahren. Ich funkte das *"Sea Tow"* Boot an, daß bereits unterwegs war und sagte ihm er könne zurückfahren, was er, nachdem er meine Mitgliedsnummer wissen wollte, auch tat. Um 0340 legten wir hinter dem Haus von Carol Anne in der *Marathon Lane,* am Steg an und machten fest. Carol Anne hat zwar ihre Schlafzimmerfenster nach rückwärts zum Steg, merkte aber von unserem Anlegemanöver überhaupt nichts. Ich muß zugeben, daß ich solche 44 SM nicht jeden Tag fahren will obwohl die Fahrt durch den New River sicher interessant und schön sein kann, aber nicht mit 25 PS und 20 Tonnen, für solche Aktionen ist unsere Key of life doch etwas untermotorisiert, aber sie hat es doch geschafft uns den *New River* rauf zu bringen.

Am Morgen richten wir alles für die Reise her und versorgen Boot und fahren dann mit dem Bus zu Geir ins Büro das ungefähr 7 km entfernt ist. Wir brauchen mit dem Bus 1 Stunde und 45 Minuten und nun wissen wir warum keiner hier mit öffentlichen Verkehrsmitteln fährt, wenn er nicht unbedingt muß! Meine Meinung über Amerika bestätigt sich immer wieder! Geir gibt mir die Flugtickets und Emails von *Surveyer*[5] und leiht mir *"Chartbook"* von *Virgin Islands* und ich telefoniere noch mit Bob Ross von *Moorings* wegen dem Dingi mitnehmen, da auf dem Boot, das wir überstellen sollen ja keine Rettungsinsel noch ein Dingi darauf ist. Sende

---

[5]     Sachverständiger

noch ein Email an alle ab und packen alles fertig für die Reise. Ich sage Carol Anne Bescheid und sie hat noch gar nicht bemerkt, daß wir hinter dem Haus mit der "Key of life" festgemacht haben! Da ja verboten ist in den Kanälen an Bord zu leben und die Nachbarn nicht gerade die besten sind, will Carol Anne daß wir nicht an Bord, sondern bei Ihr im Haus schlafen um keine Probleme zu haben. Wir schlafen somit im Haus und bestellen für nächsten Morgen um 0645 ein Taxi das uns zum Flughafen bringen soll!

Dienstag 25. Juli 2000 Um 0530 stehen wir auf und frühstücken an Bord und fahren zum Flughafen um nach *Tortola* zu fliegen und die *"Braveheart"* nach *Fort Lauderdale* zu überstellen, diese Geschichte will ich hier beschreiben, sie kann nun ein eigenes Buch füllen, und wer sie liest wird sich sicher keine *Beneteau* mehr kaufen, oder sagen wir sicher keine die in den USA Massachusetts gebaut wurde. Nicht ohne Grund wird sie von vielen die Erfahrung mit dem Boot haben, als „Bene toy"[6] bezeichnet. Eigentlich bin ich froh das ich weder für die "Yacht" noch einer anderen Yachtzeitschrift als Journalist arbeite, denn da könnte ich sicher nie die Wahrheit über diesen Überstellungstörn schreiben, der alle Rekorde gebrochen hat, und als der längste Übersteller in die Geschichte eingehen wird:

"43 Tage von *Tortola* nach *Ft. Lauderdale!*"

**Die Moral von der Geschicht, Regattageschwindigkeit war es sicher nicht!**

---

[6] TOY: Spielzeug

*Gabriela bei Spaziergang in Tortola B.V.I- (British Virgin Islands)*

# 2.Kapitel:
## *Übernahme von „Braveheart" mit vielen Problemen!*

*Tortola - Road Town in den British Virgin Islands, ist wirklich Karibik pur.*

Die Ankuft in Tortola brachte mal ein kleines Problem mit unserem Gepäck, denn sie hatten von unserem Dingi ein Ruder und eines der Bodenbretter gebrochen, wo es natürlich keine Versicherung bei der Fluglinie noch eine Vergütung für uns gab. Aber an Problemen war das eines der Kleinsten, denn was dann mit dem Boot und der Übergabe noch auf uns zukam, lies mich veranlassen noch ein weiteres Buch zu schreiben.

Aber es wäre ja wahrscheinlich der „Erste" Übersteller gewesen, wo es keine Probleme gibt, deshalb bekommt man ja als Skipper dafür bezahlt, nur habe ich es mir nicht bei einem nur vier Jahre alten Boot gedacht, aber daran sieht man was es ausmacht, wenn Chartergäste ein Boot vier Jahre malträtieren, weil die meisten die Einstellung haben, wir haben ja bezahlt, und es ist ja nicht mein eigenes Boot, und ohne Rücksicht zu nehmen die Einrichtung und Geräte „stark" beanspruchen.

21

Leider sind es auch diese Chartergäste, die uns Fahrtensegler immer mehr die Chance wegnehmen um mit Überstellungstörns noch Geld verdienen zu können. Selbst im Mittelmeer wo man früher noch im Spätherbst ein Boot von Jugoslawien nach den Kanaren überstellen konnte und damit Geld verdiente, gibt es jetzt hunderte von Chartergästen die Seemeilen sammeln und nun sogar Geld bezahlen um ein Boot überstellen zu „dürfen". Nur sind alle diese Überstellungstörns nicht immer ein Vergnügen, sondern es ist Arbeit, und für das sollte ein Skipper bezahlt werden, und nicht dafür bezahlen, wie viele der Möchtegern Skipper die Seemeilen gierig sammeln wollen, und Profis die Arbeit wegnehmen!

Hier in der Karibik, brauchen, und haben die meisten Chartergäste keinen Segelschein, und können dann mit einer einstündigen Einschulung am Charterstützpunkt und einer, als „Bilderbuch" gestalteten Anleitung für Boot und Segelmanöver, sogar mit einer „Mooring 46" los Segeln. Bei uns war mal von „los Segeln" keine Rede, als wir am Dienstag um 1400 in der „Moorings" Marina in Road Town eintrafen, denn die „Braveheart" war alles andere als Segelfertig, eher das Gegenteil. Obwohl natürlich ausgemacht war, das wir nach unserer Ankunft und der Übernahme von „Braveheart" am nächsten Tag dem Mittwoch 26. Juli 2000 in Richtung Florida losfahren können, war das Boot am Dienstag 25. Juli 2000 zwar mit vielen Arbeitern belegt, aber alles andere als fertig, weder gereinigt noch repariert.

Unser Ansprechpartner Clarence hatte seinen freien Tag, und somit kann ich mal mit Felice über die Situation diskutieren und sie verspricht mir natürlich, das sie versuchen die „Braveheart" so schnell wie möglich fertig zu machen. Leider war den Arbeitern in der Hektik eine Dose mit Farbe umgefallen und hat sich über dem Tisch im Salon ergossen, was einen fürchterlich Gestank im Boot verbreitete, gemischt mit Kunstharz von diversen Reparaturen um Tanks abzudichten. Unter diesen Umständen war also mal nicht daran zu denken, das wir an Bord übernachten können, und wie wurden mal für die Nacht auf der „S.Y. Plan B" die ein paar Plätze weiter am Steg lag unter gebracht. Wir leisten uns nach dem stressigen Tag mit Flug und „Empfang" in der Marina ein gutes Abendessen, und erkundeten die Stadt und Einkaufsmöglichkeiten um Vorrat für die Reise einzukaufen. Wo wir mal den Preisunterschied zwischen Shop in Marina und der Stadt feststellten, nämlich das eine halbe Gallone Milch in der Marina um 2.-US$ (31.- ATS) teurer war als im Supermarkt der Stadt, also verstehen sie schon da die Chartergäste „abzuzocken"!

*Im Salon geht es drunter und drüber, der Salontisch wurde ausgebaut und in die Werkstatt mitgenommen, wo versucht wird die Tischplatte zu retten!*

Ich telefoniere mit Bob Ross, einer der „Manager" von Mooring in FT. Lauderdale und erkläre im die Situation, die er überraschender Weise sehr gelassen hinnimmt, aber mir ist es nicht egal, denn in zehn Tagen sollen wir in Florida sein und jetzt verzögert sich schon mal die Abfahrt und die nächsten Hurrikans lassen sicher nicht auf sich warten. Bei kurzem Check in der „Braveheart" stelle ich mal fest, daß nicht mal die notwendigsten Instrumente an Bord sind, die eigentlich zur Grundausrüstung eines Segelbootes gehören sollten, und eigentlich Pflicht sind. Es fehlen, Thermometer, Hygrometer und was das Mindeste sein sollte das auf keinem Boot fehlen sollte, sogar ein Barometer! Unser Dingi mit dem gerissenen Sack und gebrochenen Bretter und Ruder, lagern wir einstweilen am Steg der Marina vor „Braveheart" und in der Hoffnung, daß es am nächsten Tag noch dort liegen wird, und gehen relativ spät in die Koje von „Plan B" ein etwas kleineres Mooring Charterboot.

*In der Kombüse sind nach nur vier Jahren im Charterbetrieb sogar die Scharniere von den Küchenkästchen ausgerissen worden. Beim Ersten Test vom Kühlschrank, funktioniert er mal nicht und sie müssen Gas nachfüllen.*

Mittwoch 26. Juli 2000 Bis auf morgendlichen Regen und ein paar Böen in der Nacht, war es ruhig. Um 1400 kommt Jeff, der Surveyor[7] der für die Mooring Firma arbeitet und ich mache Fotos von Innen und da ich ja dann die Übernahme und den Zustand unterschreiben muß, kontrolliere ich alles sehr genau. Es wird noch das Großsegel genäht, die „Bulkhead"[8] wird noch gestrichen und es ist noch immer Chaos an Bord. Wir gehen zum Einkaufen in die Stadt und ich kaufe noch Seekarten für den Törn, da ich mit vorhanden Kartenmaterial sehr wenig anfangen kann, speziell nicht für den Übersteller mit fast 1200 Sm. Als wir am Abend an Bord können, stelle ich jede Menge an Mängel fest, die der Sachverständige übersehen hat.

---

[7] Sachverständiger
[8] Trennwand zwischen Salon und Bugkoje

Da die Wasserpumpe auch nach füllen der Wassertanks nicht abschaltete, hatten sie mal auf das Entlüften vergessen.

Hier mal die Mängel, die von Surveyor nicht bemerkt wurden:

1. Wassertanks nicht entlüftet.
2. In Bugkabine ist der rechte Wassertank undicht, es wurde nur der linke repariert.
3. Die undichten Fenster die man zu Dichten versuchte, waren innen noch voll Arbeitsdreck und Staub.
4. An Deck waren noch etliche Teerpatzen verschmiert.
5. An STB achtern[9] hat die WC Türe weiße Farbflecken drauf.
6. Das Standgas vom Motor ist viel zu hoch eingestellt.
7. Der GPS[10] fehlt.
8. Lampe über Kühlschrank ist kaputt.
9. Es fehlen die Polster für die Betten.
10. Bei Gasherd fehlt der Knopf zum Befestigen der Töpfe.
11. Bei linken Küchenkasterl kann man die Türe nicht ganz öffnen, ohne dabei die kontroll Lampe für Gas zu zerbrechen.
12. Die Abdeckung für die Spüle ist eine falsche und passt nicht.
13. Das Steckschott für den Niedergang fehlt und wir können nicht mal absperren und müssen hoffen, daß es diese Nacht nicht regnet.
14. Flaggenstock und Nationalflagge fehlen.
15. Die Achterkajüte ist noch voll Dreck und Staub, sicher nicht nur von den heutigen Arbeiten, sondern schon von früher.
16. Sitzbezug an vorne BB hat Lackflecken.
17. Salonwand ist zerkratzt.
18. Deckel von Motor ist nicht angeschraubt.
19. Kühlschrank arbeitet noch immer nicht gut.

Für das alles müsste ich bezahlen, wenn ich das Boot in Florida Übergebe, wenn ich es nicht bemerkt hätte, und da frage ich mich schon ob der Sachverständige da wirklich unabhängig arbeitet, wenn er das Boot so an den Eigner zurück geben lässt, und es als in „Ordnung" bezeichnet, oder ob er da nicht doch für die Mooring arbeitet um auch weiterhin für sie als Sachverständiger arbeiten zu können?

---

[9] ACHTERN: Bezeichnung für hinten, oder Heck
[10] GPS Instrument zur Bestimmung seiner Position über Satelliten

*In der West Bucht von Tortola in Sopers Hole, liegen wir auf einer Muring Boje und Gabriela hat uns das Erste Abendessen an Bord gekocht.*

Wir sind Abends noch in Stadt zur Post und zur Wetter Station von „Jones Caribien Weather" gegangen um einen Wetterbericht für die nächsten Tage zu bekommen, wenn wir uns beeilen kommen wir noch vor den nächsten Hurrikans nach Florida, was uns aber leider nicht gelang.

Donnerstag 27. Juli 2000 Um 0850 starte ich Motor für Kühlung und nachdem Gas nachgefüllt wird, scheint er nun zu funktionieren. Ich übergebe die Mängelliste an Felice und bespreche alles mit ihr und wir machen die Papiere fertig. Dann noch zu den Customs[11] und Hafenkapitän zum Ausklarieren. Um 1540 fahre ich in der Marina rüber an die Tankstelle um voll zu Tanken und nehme noch in drei Kanister 20 Gallonen Diesel als Reserve mit, falls wir keinen Wind zum Segeln haben. Um 1600 ist es dann soweit, wir legen ab und unser Übersteller kann beginnen.

---

[11] Custom = Zoll

*Liegen auf einer Muring Boje die uns 20.-US$ die Nacht kostet, vor dem Zollgebäude in Sopers Hole auf Tortola um Propeller und Log zu reinigen.*

Ich bemerke relativ rasch, das ich wenig Leistung mit dem Motor habe und überlege wieder in Marina zurück zu gehen, aber entscheide mich dann, da wir wieder unnötige Zeit verlieren würden und heute wahrscheinlich niemand mehr in der Marina runter tauchen würde um Propeller zu reinigen, ich denke es ist starker Bewuchs drauf, da sich auch der Log nicht mehr dreht. Ich setze als ich Ft. Recovery auf 350° habe die Genua dazu und wir gehen nach sechs Seemeilen in die West Bucht von Tortola nach Sopers Hole und legen uns um 1800 auf eine Muring Boje. Ich gehe solange es noch hell ist tauchen und wirklich wie gedacht, der Propeller ist total zugewachsen und voller Seepocken[12] und auch das Schaufelrad von der Logge[13] ist schon mit kleinen Muscheln zugewachsen.

---

[12] Seepocken, harte kegelförmige Muscheln
[13] LOGGE, Instrument um die Geschwindigkeit durchs Wasser zu messen.

Nach den ersten neun Seemeilen, kommen wir zum verdienten Abendessen an Bord, und Gabriela kocht auf Vorrat ein Paprikahuhn da wir nicht wissen, ob wir in den nächsten Tagen zum Kochen kommen werden. Auf der Boje fehlt am Seil schon eine Kardeele, von den drei Kardeelen sind nur noch zwei vorhanden, hoffe auf ruhige Nacht und das die zwei restlichen Kardeele genügen werden, irgendwie erinnert mich das an Jugoslawien wo mache Muringseile auch nicht gewartet werden. Ich will nach den drei stressigen Tagen vor der Abfahrt lieber über Nacht zu bleiben und nicht unbedingt mit einer Nachtfahrt zu starten, vor allem ist es für Gabriela die Erste Fahrt über den offenen Atlantik.

Freitag 28. Juli 2000 Sehr, sehr früh krähen ca. gefühlte hundert Hähne in der Bucht und somit relativ zeitig bei Frühstück aber trotzdem zu spät, denn um 0800 kommen sie mit einem Boot vorbei um die Gebühr von 20.-US$ für die Nacht auf der Boje zu kassieren, daß das Seil abgescheuert ist interessiert sie eher nicht sehr viel. Wir haben etwas Wasser in der Bilge und wie ich auch dabei bemerke, jede Menge von „Nazis" nämlich „Cockroach" (Kakerlaken), es sind kleine braune Kakerlaken, deshalb werden sie von den Amis als „Nazis" bezeichnet. Das Wasser könnte vom Log ziehen kommen, den ich auch für die gründliche Reinigung innen gezogen habe, wo immer etwas Wasser eintritt, Gabriela tunkt alles auf und ich hoffe das es nicht von wo anders herkommt, im Augenblick kann ich sonst nichts finden. Wir pumpen die Bilge dreimal aus, einstweilen ist Wasser mal fort.

Um 0945 machen wir uns auf dem Weg und setzen die Genua und Groß mit einem Reff[14] eingebunden. Der Wind ist mit 4-5 Bft[15] gut aus NE und bläst uns in unsere Richtung mit einem Kartenkurs von 284° aber mit relativ hohen Schwell, für Atlantik aber normal, nur für Gabriela das erste Mal und somit etwas ungewohnt. Wir machen gute Fahrt und an BB sehen wir bereits bei guter Sicht Puerto Rico, aber Achteraus ist starkes „Wetterleuchten" zu sehen, was auf baldige Gewitter zu rechnen lässt. Es sind nur wenige Boote unterwegs, es machen ja eher nur wenige größere Törns mitten in der Hurrikan Saison, so wie wir.

---

[14] REFF: verschiedene Patente um die Segelfläche zu verkleinern
[15] BEAUFORT SKALA : Bft = Die Windgeschwindigkeit in 12 Stärken geschätzt, wurde 1874 international anerkannt, nur die Amis, bis auf wenige, haben keine Ahnung davon. 1949 wurde sie bis Windstärke 17 erweitert.

*Gabriela hat sich schnell an den Atlantik gewöhnt.*

Bei einem kurzen Check muß ich leider fest stellen, das der Surveyor eine unverantwortliches „Arschloch" sein muß, denn bei Kontrolle unserer Notsignale, die eigentlich verpflichtet auf jeden Boot vorhanden sein müssen, haben wir gerade drei Handfackeln als Notsignal, es fehlen Seenotraketen, wo auch welche mit Fallschirm vorhanden sein sollten. Auch haben wir nur einen „Hufeisen" Rettungsring und keine MOB[16] Boje an Bord. So gesehen hätte der Surveyor das Boot gar nicht übergeben dürfen, weil es nicht mal die genügende Grundausrüstung an Bord hatte, von den restlichen Mängel gar nicht zu reden, es widerspricht jeder guten Seemannschaft. Gegen Mitternacht nimmt die Bewölkung zu und der Wind hat nun 5 Bft mit starkem Schwell und guter Sicht wir sind nach 87 Sm auf Position 18°45' N und 66°01' W.

---

[16] MOB (man over board) Mann über Bord Boje mit langer Stange und Fahne drauf um sie auch auf Entfernung noch gut zu sehen

Samstag 29. Juli 2000 Um 0030 übernimmt Gabriela die Wache und ich versuche etwa zu schlafen, nur holen uns die Gewitter ein und wir bekommen Wind aus NE mit 5-6 Bft, hohen Seegang und starken Böen, was mich veranlasst die Genua zu reffen, aber schon kurze Zeit später lässt der Wind nach und wir haben nicht mal mehr 2 Bft und ich muß den Motor mitlaufen lassen vor allem, da der schwell stark bleibt und uns unangenehm rollen lässt. Die Gewitter halten mit starken Regen und einem Inferno an Blitzen an, gegen Morgen wird Wind auch wieder stärker mit Böen um die 7 Bft und ich muß feststellen, daß viele der Luken undicht sind, wo der Regen Wasser reindrückt, daß nur zu einem vier Jahre alten Boot unter Charter Bedingungen von Mooring.

Um 1200 haben wir ein Etmal[17] von 133 Sm mit einem Durchschnitt von 5,45 kn[18] geschafft und einstweilen insgesamt 155 Sm hinter uns. Nachmittags hört Regen auf, Böen und Schwell bleiben uns aber treu, und was mir mehr Sorgen macht ist das Ruderlager, es macht teilweise fürchterliche Geräusche was mich nicht gerade beruhigt. Es scheint auch schwerer zu steuern gehen als ich mal den Autopiloten ausschalte und mit der Hand das Steuerrad übernehme, ich hoffe nur das es nicht blockiert, denn dann hätten wir ein großes Problem, ein Boot das nicht mehr zum Steuern geht wäre eine ganz neue Erfahrung für mich, auf die ich aber gerne verzichten könnte. Nun denke ich an ein Gespräch bei der Übernahme in der Marina, wo Jeff und Ches, zwei Arbeiter von der Moorings Marina die mit mir die Übernahme der „Braveheart" gemacht haben und über das Ruderlager gesprochen hatten, und Jeff gesagt hat, er könne es lassen, auch das hat der Surveyor übersehen und nicht kontrolliert. Nach meiner Meinung und auch nach dem Mooring Handbuch sollte die Lichtmaschine viel mehr rein laden, was sie aber augenscheinlich nach der Volt und Ampere Anzeige, sicher nicht macht was mich daran denken lässt, was da noch alle auf uns zukommen wird.

---

[17] ETMAL: Dauer eines (astronomischen) Tages sowie die in dieser Zeit zurückgelegte Distanz in Seemeilen, von einem Mittagsbesteck zum anderen. Mittag 12.00 Uhr bis zum folgenden Tage Mittag 12.00 Uhr.

[18] kn: "Knoten" Nautische Geschwindigkeitsbezeichnung für Seemeilen pro Stunde. Der Ausdruck stammt von der Markierung der Logleine des alten Handlog mit Knoten.
kn = Maßeinheit für die Bootsgeschwindigkeit, die Fahrt durchs Wasser, 1. Knoten entspricht 1 Seemeile pro Stunde, das sind 1852 m/h

*An den Fotos (links) versuche ich die Geräusche zu lokalisieren, und sehe mir den Ruderquadranten genauer an, bin nicht sicher ob es das obere Ruderlager ist, das ich eventuell tauschen könnte, für das untere müsste das Boot aus dem Wasser kommen, da man dazu auch das gesamte Ruder ausbauen müsste! Unteres Foto der Motor Yanmar bekam eine gebrauchte Lichtmaschine aber leider macht auch der Starter Probleme den ich nun auch ausgebaut habe und zu dem sehr zweifelhaften „Elektriker" zur Reparatur gegeben habe, wo er teilweise noch mehr kaputt machte.*

Als „Draufgabe" geht eine geklebte PVC Leitung vom Heißwasserboiler ab, zum Glück höre ich bald, das die Wasserpumpe nicht abschaltet, aber es sind uns sicher hundert Liter teilweise heißes Wasser in die Bilge[19] geronnen und somit verloren gegangen. Zu Mittag wird das Ruderlager noch lauter und macht „quälende" Quietschgeräusche und dann ist die Lichtmaschine endgültig „tot" und somit habe ich nun wirklich genug für einen Tag und ich gehe um 1300 auf Position 19°32'N und 69°20' W, mit Kurs 174° in Richtung Dominikanische Republik zur Einfahrt nach Samana und halte auf „Capo Capron" zu. Ich hatte ja versucht Seekarten für die Dom. Rep. Zu bekommen und muß jetzt ohne gutes Kartenmaterial nur mit Kursangaben vom Hafenhandbuch die Bucht anlaufen, was ich gar nicht gerne mache, aber es ist ein Notfall und darum wollte ich ja auch die Seekarten kaufen, eben, falls ein Notfall eintritt und man unvorhergesehen irgendwo eine Insel anlaufen muß, was man eigentlich gar nicht wollte.

Da wir den Schwell nun Seitwerts voll abbekommen, lasse ich die gereffte Genua als Stützsegel stehen, was aber unser „rollen" nicht viel besser macht. Wieder bekommen wir Regen mit Gewitter ab und ich sehe von STB einen Frachter genau auf uns zukommen, ich peile über die STB Want vom Cockpit[20] aus den Frachter an und stelle fest, wir sind auf Kollisionskurs. Da ich ja mit Motor fahre und somit nicht als Segelboot, mit eventuellen Vorrang gelte, worauf ich mich sowieso nicht verlassen würde, vor allem was da an Skippern herum fährt, entschließe ich mich für

---

[19] BILGE: Die tiefste Stelle im Bootsrumpf über dem Kiel und unter den Bodenbrettern, an der sich das Bilgewasser sammelt, bis es von der Bilgepumpe wieder gelenzt wird.
[20] COCKPIT – Der mit einer Vertiefung im Deck eingebaute Sitz – und Arbeitsraum für die Besatzung. Im Deutschen auch "Plicht" genannt.

eine Kursänderung nach STB um achtern an ihm vorbei zu fahren, vor seinem Bug würde ich es nicht riskieren denn er ist zu schnell. Die Peilung läuft aus und ich glaube schon alles ok, aber auf einmal steht die Peilung wieder auf Kollisionskurs, warum auch immer, er hat seinen Kurs nach BB geändert, anscheinend will er hinter uns vorbei gehen, obwohl er sehen muß, das ich Erstens meinen Kurs nach STB geändert habe, und ich viel zu langsam bin, damit sich dieses Manöver ausgehen könnte.

Ich ändere meinen Kurs nochmal nach STB, und kurze Zeit später macht er selbe Kursänderung wieder, wie wenn er mit Absicht genau auf mich zuhalten will. Ich ändere nochmals meinen Kurs nach STB und fahre jetzt schon fast parallel gegen seinen Kurs und sicher würde ich es unter keinen Umständen noch schaffen vor seinem Bug vorbei zu kommen. Da er schon ziemlich nah ist, kann ich durch den Regen bereits seinen Namen am Bug erkennen, es ist die „Rio Miami" und ich rufe ihn mit VHF über Kanal 16 an und nach paarmaligen rufen, bekomme ich in gebrochenen Englisch sogar eine Antwort. Ich frage ihn was er vorhat, ob er mich „versenken" will und warum er nicht seinen Kurs weiter fährt, sondern zweimal seinen Kurs nach BB ändert, er muß doch sehen, daß ich zweimal meinen Kurs so geändert habe um achteraus an ihm vorbei zu gehen? Er stammelt etwas herum und macht so was Ähnliches wie eine Entschuldigung, wo er meinte sie hätten mit dem Gewitter gerade eine „harte" Zeit. Ich kann es nicht glaube was er mir sagte, und ich frage ihn was ich mit einem kleinen Segelboot für Zeit habe, wenn er mit einem großen Frachter eine „harte" Zeit hat? Da er nun schon sehr nah war, bekamen wir seine Bugwelle voll ab und wir fuhren wie auf einer „Hochschaubahn" über seine Welle hinter ihm hinweg. Ich kann leider seine Nationalflagge nicht erkennen, denke aber irgendein dubioses Land, wo sie so wie in Grenada die Kapitänslizenz im „Lotto" gewonnen haben.

Nachdem ich durch diese Manöver noch weiter nach West gekommen bin, muß ich nun voll gegen den Seegang in Richtung „Capo Samana" andampfen, denn in den Buchten Ost oder West von „Capo Capron" ist an ein ruhiges vor Anker liegen sicher nicht zu denken, noch gibt es dort einen größeren Ort wo wir Hilfe für die notwendigen Reparaturen bekommen könnten. Das Gewitter hat nachgelassen und mit Regen peile ich eine Seemeile an STB Dwars, „Capo Samana" um 1735 und laufe nun einen Kurs von 229° in die Bucht ein und dann auf Sicht an der kleinen Insel „Cayo Levantado" vorbei. Die Einfahrtsboje ist natürlich nicht mehr vorhanden, und es wird schon dunkel als wir in der Bucht vor

„Samana" den Anker fallen lassen. Bis jetzt haben wir nach sechs Tagen erst 323 Seemeilen, davon 238 unter Segel und 93 mit Motor geschafft, also wird es sich mit den zehn Tagen sicher nicht mehr ausgehen. Der Kühlschrank hat Gas verloren und kühlt nicht mehr, auch der Gasherd macht Probleme, und auch hat der Autopilot aufgehört zu arbeiten, hat aber dann kurz wieder funktioniert um dann aber aufgegeben und es tut sich nichts mehr. Nach ausschalten von Zündung pfeift es leise und die Anzeige für Elektrik von Lichtmaschine leuchtet auf, wenn man die Instrumentenbeleuchtung einschaltet! Wenn man bedenkt, es ist ein vier Jahre altes Boot und Motor hat erst 4123 Stunden am „Buckel" und was da alles kaputt ist, vor allem ist der Hohn, daß es ja von Moorings eine Woche lang vorher „repariert" wurde, wie ja meine Mängelliste gezeigt hat!

*Bucht Santa Barbara vor Samana in der Dominikanischen Republik*

## 3.Kapitel:
## Dom.Rep. „Samana mit Hurrikan Debie"

Montag 31. Juli 2000, wir liegen nun vor Samana auf Position 19°12'012" N und 69°19'633" W vor Anker und Morgens holt uns Chico ab, der schon am Vorabend mit seinem „Taxi" Boot zu uns gekommen ist, ob wir was brauchen, und damit ich nicht unser Dingi aufblasen und ins Wasser lassen muß, lasse ich uns abholen, vor allem, kann ich ja alle Kosten später mit Mooring verrechnen. Chico bringt uns an Land und zeigt uns wo Zoll ist, wo wir mal 10 US$ bezahlen müssen und sind nun mal offiziell in der Dominikanischen Republik einklariert. Wir gehen zur Post wo ich mich mal lange anstellen muß, bis endlich ein Telefon frei ist und ich telefoniere mal mit Geir und erkläre kurz die Lage, dann kaufe ich etwas an notwendigen Werkzeug ein, da sich ja keines an Bord befindet und zurück an Bord, baue ich mal nach Testlauf, wo Kühlschrank nicht arbeitet, genau so wenig wie die Lichtmaschine, die ich dann mal ausbaue.

Die Lichtmaschine hat eine durchgebrannte Wicklung und auch die Dioden sind hinüber, sie wurde heißer als der Motor als ich sie ausbaute. Wieder an Land mit Chico und wir bringen die Lichtmaschine zu einem KFZ Elektriker, jedenfalls nennt er sich so, nach der Werkstatt nach, weiß ich, daß wir in der „dritten" Welt sind und ich zweifle jetzt schon an der Reparatur. Wieder lange anstellen und nochmals mit Geir eine lange Diskussion, denn seiner Meinung nach hätte ich trotz Probleme mit Ruder, Lichtmaschine, Kühlschrank und Autopilot weiter fahren sollen, was natürlich bei mir heftige Argumente auslöst, worauf er dann ganz einfach auflegt, und jetzt für mich schon klar wurde, diese „Freundschaft" dürfte nun beendet sein. Ich rufe nun Bob Ross von Mooring an und nachdem er die Situation endlich begriffen hat, verweist er mich an Clarence von Tortola Mooring die mir helfen sollen.

Nachdem ich endlich Clarence erreicht habe und er verspricht mich sofort zurück zu rufen, was aber nachdem ich lange gewartet habe, nicht passierte. Somit wieder anstellen und endlich nochmals Clarence in der Leitung und alles durch gegeben, nun Clarence „Stützpunktleiter" von Mooring in Tortola, ist nicht mal des englischen Funksprechalphabets mächtig und somit über Telefon sehr schwer mit ihm zu kommunizieren. Nun er verspricht mir ein Ruderlager und einen neuen Autopilot zu senden, und ich gebe ihm eine Adresse durch, die mein Paket mal annehmen würden. Inzwischen hat Chico die „reparierte" Lichtmaschine gebracht, und er bringt uns zurück an Bord, wo ich die Lichtmaschine sofort einbaue und wie gedacht, die Reparatur war eher für „A&F"[21] denn es gab mal sofort einen Kurzschluß, er hat die Verkabelung falsch angeschlossen! Somit wieder ausgebaut und zurück zu „Elektriker" gebracht und er verspricht, das sie morgen fertig sein soll, ob sie dann funktioniert bezweifle ich jetzt schon.

Da Chico einen Weg hatte, nützen wir die Chance mal ohne unseren „Schatten" in Dorf spazieren zu gehen und als dann wieder mal ein Stromausfall ist, gehen wir in ein Restaurant und leisten uns Essen. Kurz darauf findet uns Chico im Restaurant und wir gehen in Richtung Boot zurück, leider stolpert Gabriela am Weg und verstaucht sich Knöchel und schürft sich Ellenbogen auf. Wir treffen im Hafen bei einen Restaurant ein paar andere Fahrtensegler von „S.Y. Resolute" und „S.Y. Lordsway" die schon eine Weile hier sind, und lernen auch einen netten Einheimischen „Martin" kennen und nehmen ein paar trinks miteinander und tauschen Erfahrungen über die Karibik aus. Relativ spät zurück an Bord, wo ich sehe im Autopilot steht das Wasser im Display, und bei Startversuch hängt wieder der Magnetschalter vom Starter und Motor springt erst nach drittem Versuch an.

Dienstag 1. August 2000 Um 0930 kommt Chico mit der Lichtmaschine und natürlich funktioniert sie nach Einbau wieder nicht, ich kontrolliere die Anschlüsse und bin nicht sicher ob die Minus Leitung nicht schon in Tortola falsch angeschlossen wurde und deshalb die Lichtmaschine ihren „Geist" aufgab. Chico fährt an Land und kommt mit dem Elektriker zurück, der auch seine Kinder mitbringt, die unser Boot besichtigen wollen und er stellt nun sogar fest, daß er einen Fehler gemacht hat, was mich nicht sehr überrascht, und baut sie diesmal selber aus und nimmt sie wieder mit! Da mein Nervenkostüm schon sehr angespannt ist, versuche ich mal, da ich mir an Land PVC Kleber gekauft habe und klebe die Heißwasserleitung von Boiler wieder ein, und wenn nun Motor läuft, haben wir wieder heißes Wasser zum Duschen und Geschirr spülen.

An Land funktionieren die Telefonleitungen nicht, somit kann ich erst um 1600 Bob Ross erreichen und lasse unsere Fotos entwickeln. Wir gehen wieder mal Essen und mit zwei großen Bier, bezahlen wir gerade an die 200.- Pesos (15,3 US$) bis jetzt das billigste Essen überhaupt gewesen.

---

[21] A&F, wie wir in Österreich sagen, für „Arsch und Friedrich"

*Von links nach rechts: John und Cindy von „S.Y. Resolute", dann Jim und Wendy von „S.Y. Lordsway", Martin und Gabriela. Leider kommen da auch die Erinnerungen wach, und ich weiß, daß ich auch schon 70 Jahre bin. Cindy ist an Gehirntumor verstorben, und Wendy hat ihren Jim verloren, aber wieder geheiratet und lebt in der Nähe Port John, bei Cap Canaveral. John hat eine OP der Halsschlagader hinter sich, die bereits zu 70% zu war, aber ich habe zu ihm immer noch guten Email Kontakt, und bekomme somit bessere Informationen über die derzeitigen Corona Probleme 2020 in Florida, als wir es in unseren Nachrichten erfahren. Wie Bob Seger so schön sang: „Twenty years, where the gone"?*

Um 1800 kommt wieder Elektriker, diesmal mit seinem Vater, wie erwartet funktioniert sie auch nach fünften Einbau nicht und er macht mir den Vorschlag, um 2000.- Pesos in „Engano" eine gebrauchte Lichtmaschine zu besorgen auf die er Garantie bekommt, weil er bei dieser, wenn er sie überhaupt jemals zum Funktionieren bringen würde, kein Garantie dafür geben kann, „wie lange"!

*Ich stand kurz vor einem „Mordversuch" als ich Interesses halber, die*
*„reparierte" Lichtmaschine zerlegte und feststellte. Der Vollidiot von*
*einem „Elektriker" hat die Kabel mit Papierabdeckband innen isoliert, das*
*natürlich der Hitze die dabei entsteht nie standhalten kann.*

Mittwoch 2. August 2000 „S.Y. Resolute" wollte mit drei Locals in
den Nationalpark fahren, aber die sind verschwunden und somit musste er
die Crewliste wieder ändern und kann erst um 1300 in den Nationalpark
fahren, dafür leiht er mir aber einen „Nuss Satz" damit ich mir bei
reparieren und Einbau leichter tue. Statt um 1030 mit Lichtmaschine zu
kommen, kommt Chico um 1200 und sagt mir, das Elektriker nach „San
Francisco de Macoris" fahren muß, da er in „Engano" die Lichtmaschine
nicht bekommen hat. Um 1530 kommt Elektriker mit einer Lichtmaschine
und er hat auch die Riemenscheibe tauschen müssen, und es ist fast nicht zu
glauben, einstweilen funktioniert sie und ladet auch wieder rein und wir
können unsere Batterien wieder laden. Die Freude hält sich in Grenzen,
obwohl vom Heißwasserboiler die Leitung dicht ist, hört aber Kühlschrank

wieder nach kurzen Arbeiten wieder auf und kühlt nicht mehr, dafür schmeckt aber Brot und Wurst nach „Resin"[22] da sie ja im Kühlschrank mit GFK ausgebessert haben, und es lange braucht bis dieser Geruch weggeht. Wieder spinnt der Starter und nach drei Versuchen erst wieder angesprungen, wahrscheinlich der Magnetschalter, will aber Starter nicht ausbauen, habe einstweilen genug von dem Elektriker!

Ich bunkere mal sechs Gallonen Diesel und wir gehen zu einem lokalen Markt, wo auch viele Einheimische Essen, und leisten uns einen guten mit viel „Liebe und Akribie" gemachten Burger „a la Samana"! Mit Chico habe ich dann noch eine Diskussion wegen Preise die er uns machen will, er will wie alle hier, nur so viel Geld wie möglich von den „Gringos" abzocken. Ich gebe ihm mal 20.-US$ und wenn alles gut geht, soll er nochmals 20.- US$ bekommen. Es hört sich vielleicht wenig an, aber wenn man bedenkt, ein Arbeiter der hier den ganzen Tag irgendwo am Bau arbeitet und den ganzen Tag ein Loch gräbt, bekommt umgerechnet gerade drei Dollar pro Tag, und da sicher keine US$ sondern nur in Pesos bezahlt!

Donnerstag 3. August 2000 Es ist unser zehnter Bord Tag und wir sollten eigentlich schon in Florida sein, aber außer einer relativ unruhigen Nacht mit viel Schwell haben wir noch nicht viel hinter uns. Wieder öfters starten müssen und wieder macht Kühlschrank Probleme, er vereist sofort bei Kompressor und ich glaube, das eventuell zu viel Gas oder Feuchtigkeit in der Leitung ist. Da mich Chico nervt, rudern wir mit eigenen Dingi an Land und rufe Bob Ross an um die Sendungsnummer von „FEDEX" (Federal Express) zu bekommen, dann nochmals öfters versucht Clarence in Tortola zu erreichen, nur keine Chance, Clarence ist nicht da und seine Vertretung unauffindbar. Wir gehen einkaufen und dann kommt Ralph an Bord und fragt wie viel ich Chico bezahlt habe, denn das Boot gehört ihm und nicht Chico? Anscheinend hat da Chico mit ihm nicht wirklich abgeteilt, wie immer da die Verhältnisse ausgemacht wurden. Wir bleiben an Bord, und schreiben ein paar Ansichtskarten, da es zwar ausnahmsweise nur „nieselt" und nicht „schüttet" aber im Osten sind Gewitter zu sehen und es ist wieder starker Schwell. Ich entlaste die Ankerkette mit einem Seil, da die Ankerkette am Bug blech einen fürchterlichen Lärm macht, und ich dadurch noch schlechter schlafe, was durch die Umstände ja verständlich sein wird.

---

[22] RESIN: Polyester Harz das mit Härter bei GFK verwendet wird. Besser sind Epoxid Harze die nicht so sehr stinken, wie Polyester aber teurer sind.

Freitag 4. August 2000 Um 0410 sind starke Gewitter über uns und es regnet viel, und dazu starker Schwell, der mich nicht schlafen lässt! Ich telefoniere mit Bob Ross und dann mit „FEDEX" und es stellt sich heraus, wir müssen nach St. Domingo fahren um unser Paket vom Zoll zu bekommen. Wir nehmen uns ein Leihauto, ein kleines Jeep ähnliches Gefährt, nur mit zwei Sitzen, mit so was muß auch „Falco" umgekommen sein. Es wird eine „Höllenfahrt" durch Regen und Gewitter und es funktioniert das Gebläse nicht und die Fenster laufen immer an, und das „Stoffdach" war undicht und es kam stellenweise Wasser rein, dafür aber war die Bodenplatte dicht und unsere Füße standen im Wasser. Die Scheibenwischer haben schon bessere Zeiten erlebt, vor allem da nur einer funktionierte, zum Glück wenigstens der auf meiner Seite, somit die Sicht eher sehr besch… eiden!

Wir finden in St. Domingo relativ schnell die Zentrale von „FEDEX" gerade noch rechtzeitig um in das Geschäft zu kommen um die Papiere für den Zoll zu bekommen. Nur leider finden sie mal die Papiere nicht und wir sollen am nächsten Tag wieder kommen. Da heute sowieso kein Zoll mehr arbeitet, nehmen wir uns mal ein Zimmer im Hotel „Drake" inklusive jede Menge Kakerlaken, an die wir ja nun schon gewöhnt sind. Morgens müssen wir schon um 0700 das Zimmer räumen, aber wir nehmen es trotzdem um nicht noch weiter suchen zu müssen. Ich erfahre noch daß bereits der Erste Tropical Sturm „Albert" unterwegs ist, bekomme aber keine näheren Koordinaten.

Samstag 5. August 2000 Zeitig auf und nach Frühstück fahren wir zu FEDEX wo wir nun die Papiere bekommen, dann zum Zoll, der in der Nähe vom Hafen ist um unser Paket zu holen. Als wir zu dem Zollgelände kommen und bei der Einfahrt dem Wachposten beim Schranken erklärten wo wir hinwollten, war mein eher sehr, schlechtes bis gar kein Spanisch zu können das erste Problem. Allerdings waren da zwei „Geier" wie sich herausstellte, die sich darauf spezialisiert hatten um „Gringos" die etwas von Zoll zu holen zu helfen, speziell wenn sie der Sprache nicht mächtig sind, und die zwei jüngeren Männer sprachen dafür wenigstens halbwegs gut Englisch. Sie boten sich an uns zu helfen, und ehe wir versahen, stieg einer ein und saß auf Gabrielas Schoß und dirigierte mich über das sehr weitläufige Gelände zu einer großen Lagerhalle wo der Zoll zu Hause war.

Wir stiegen aus und wir gingen in die hohe, große Halle rein, wo ein Chaos herrschte, daß fast nicht zu beschreiben ist. Hunderte Leute schrien und liefen durcheinander, auf einer Wand vor uns, waren ca. 15

kleinere Fensterähnliche Löcher in der Wand, über denen nur eine Nummer war, aber keine Angabe wer für was zuständig ist, dahinter befand sich ein „Beamter", der die jeweiligen Papiere der Leute übernahm die zu ihm hinein schrien, damit der wiederum irgendwas zurück schrie, was ich natürlich nicht verstand, noch dazu nicht wusste bei welchen Fenster ich da mal rein schreien und meine Papier vorlegen sollte. Dazu ist zu sagen, das auch Leute die Spanisch gelernt haben, den Dialekt in der Karibik eher nicht verstehen und dann im wahrsten Sinne des Wortes, nur „Spanisch" verstehen! Noch dazu kommt die Tatsache, daß die immer so viel Text wie möglich in möglichst kurzer Zeit unterbringen wollen, was das „verstehen" dieser Sprache nicht gerade leichter macht.

Mir ist natürlich bewusst, daß wenn ich die Hilfe von unserem „Geier" annehme, es auch etwas kosten wird, aber da um 1200 hier die Pforten geschlossen werden, und ich ohne seiner Hilfe sicher nicht an diesem Samstag zu unseren Paket kommen werden, und weitere Nächte in St. Domingo verbringen würden nicht nur Zeit, sondern auch Geld kosten, also übergebe ich ihm unsere Papiere und nehme seine Hilfe an. Er geht zu einem der „Fensterlöcher", sie sehen aus wie Schießscharten, um dort lautstark zum Diskutieren anzufangen, er scheint irgendwas zu erreichen, denn der Beamte dahinter verschwindet mit unseren Papieren um wie uns erklärt wird, eine Unterschrift von einem Vorgesetzten einzuholen, der aber irgendwo in der großen Halle ist. Unser „Freund" läuft auch herum und es wird herum diskutiert und der Beamte organisiert mal das Paket, das wir sogar hinter einem Gitter schon mal gesichtet haben. Noch aber haben wir die Unterschrift nicht, unser „Freund" rennt hektisch auf die andere Seite der langen Halle, wo er dann oben auf der Balustrade den Vorgesetzten erblickt, worauf er seine Sichtung den anderen Beamten zuschreit, der dann mit den Papieren auf der anderen Seite den Vorgesetzten erwischt, und die nötige Unterschrift bekommt, aber wir noch lange nicht das Paket haben.

Nur eines ist sicher, es war sicher nicht zu früh, denn es werden bei den großen Toren in die Halle, bereits die Rollbalken runter gelassen, da es nun schon 1200 geworden ist. Unser „Freund" erklärt uns die weitere Prozedur, denn nun haben wir zwar geschafft, das dieses Paket aus der Halle ausgeliefert wurde, aber nun bekam es der Zoll und dort wurde nun entschieden, wie viel Zoll wir zum zahlen haben. In dem Büro sind nun zwei Zollbeamte und schauen sich auf den Papieren an, was der Inhalt wert ist, er ist mit 600.- US$ angegeben und nun wollen sie von mir sogar 1500.- US$ von mir kassieren. Natürlich kann, oder will hier niemand Englisch verstehen, wozu ich unseren „Freund" weiterhin als Dolmetscher brauche. Meine Erklärung, daß ich die Teile ja nicht in die Dom. Rep. einführe, sonder nur auf eine Segelyacht unter USA Flagge im Transit bringe, also ich dafür auch keinen Zoll bezahlen will, noch bezahlen müsse! Nur meine Argumente stoßen eher auf taube Ohren, sie wissen daß sie am längeren Hebel sitzen und ich das Paket ja brauche und haben will.

Zum Glück, kann ich zwar nicht gut Spanisch, aber dafür in fast allen Sprachen schimpfen und zwar Ausdrücke die auch die Zöllner und unser „Freund" sehr gut verstehen, und noch ein Vorteil, mit der Lautstärke kann ich es leicht mit jedem Spanier oder Italiener aufnehmen, und ich wurde sehr laut und schimpfe sie mit allem was mir einfällt, sowie mit Drohung, daß ich mich beim Tourist Minister über dieses Vorgehen beschweren werde. Es geht dann soweit, da sie auf die 1500.- US$ bestehen, das es mir egal ist, und ich gebe Ihnen zu verstehen, daß sie sich das Paket in den A… schieben können, denn ich bin nur der Skipper und nicht der Eigner und sie können daß Paket wenn sie wollen, wieder zurück schicken. Da ich nun wirklich anstände mache wieder zu gehen und das Büro zu verlassen, wird unser „Freund" etwas verzweifelt, denn er weiß ja, wenn ich kein Paket bekomme, wird er sicher auch kein Geld für seine „Hilfe" bekommen und es startet eine heftige Diskussion zwischen den Zöllnern und unseren „Freund".

Nun da die auch hier im Zollbüro um spätestens 1230 zusperren wollten, und sicher von mir erwarteten sie zu bestechen, was mir aber fern lag, folgte nach weiteren Diskussionen mit unserem „Freund" ein Angebot mir das Paket jetzt um 300.- US$ zu überlassen! Es ist zwar sicher noch immer ein Betrug und sicher gegen internationales Gesetz, das Yachten im Transit keinen Zoll für Ersatzteile bezahlen müssen, aber ich ging auf den „deal" ein um endlich zu einem Abschluß zu kommen. Nach bezahlen und einigen Formalitäten wurde mir das Paket endlich ausgehändigt. Unser „Freund" wich natürlich nicht von meiner Seite und erklärte mir, wie gut er für mich verhandelt hat und wie viel ich mir ersparte und wollte dann nochmals 300.- US$ für seine „Dienste", was natürlich eine absolute Frechheit ist, auch wenn sie zu Zweit waren. Ich diskutierte nicht sehr lange mit ihnen und gab ihnen 100.- US$ und erklärte ihnen, daß ich es nur bezahle weil es nicht mein Geld ist, sondern vom Eigner, und wenn ich bezahlen müsste, gebe es nur 20.- US$ für sie. Sie murrten zwar noch, aber sahen ein, daß es eventuell gar nichts geben würde, denn ich war schon sehr „geladen" und sie nahmen mein Angebot an.

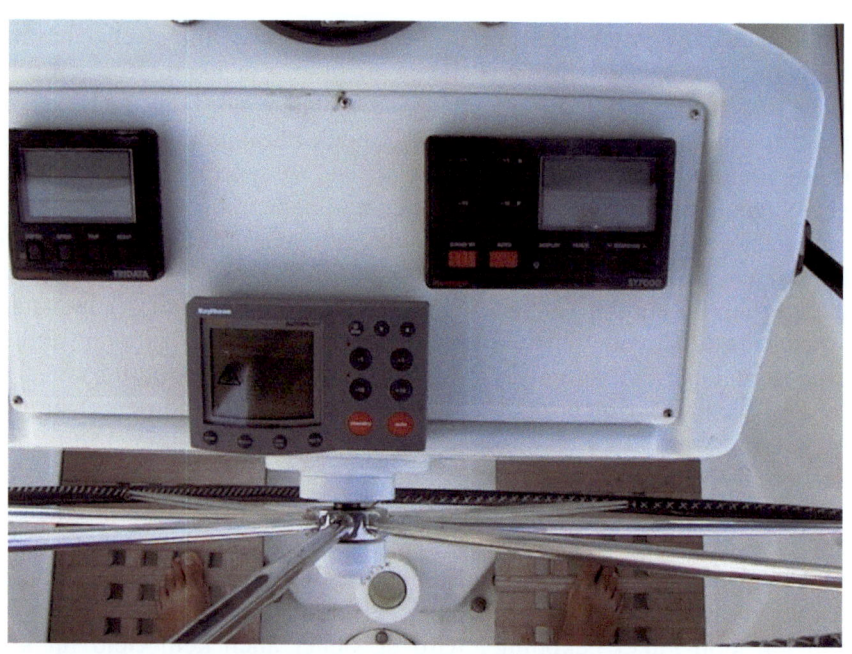

44

*Fotos auf Seite links oben, zeigen den falschen Autopilot einen „Raytheon 7000" und eingebaut ist ein „Autohelm 7000" und es passen keine Kabelanschlüsse und somit wertlos für uns! Foto unten, es ist das „mittlere" Ruderlager und nicht das „obere" also auch nicht zu gebrauchen.*

Nun kann ich endlich das Paket aufmachen und bekomme einen Schock, denn beide Teile, Autopilot und Ruderlager sind falsch und nicht zu gebrauchen. Ich bin nahe am „durchdrehen" und ich verfluche Clarence und die Mooring Marina in Tortola, denn um nicht rassistisch zu klingen, sie sind „Vollkoffer" und beweisen eigentlich durch solche Aktionen, das sie keine Gleichberechtigung haben dürfen, sie sind zu blöd dafür, aber ich will hier sicher nicht alle „Mohren" in einen Topf werfen, denn 10% sind wie der Rest der Menschheit nicht zu den Sechs Kategorien zu zählen, aber die in bei Mooring arbeiten, gehören sicher zu den 90% der verblödeten Menschheit, und dürften keine Wahlberechtigung haben.

Denn wenn man sich links im unteren Bild, das „falsche" mittlere Ruderlager ansieht, und rechts das noch eingebaute, dann muß der größte Volltrottel erkennen, es hat nicht mal eine Ähnlichkeit miteinander, außer daß es rund ist und ein Loch hat! Noch dazu müsste man, um das mittlere oder untere Ruderlager zu tauschen, dazu auf eine Werft und das Boot heraus heben lassen. Denn wenn man den „Ruderquadranten"[23] lösen würde, dann fällt das Ruder runter, und im Wasser wäre das sicher ein Problem, wo sehr viel Wasser ins Boot eindringen würde. Wenn man keine andere Möglichkeit hätte, würde das gute Taucher benötigen um so eine Aktion im Wasser durchführen zu können.

Mit gemischten Gefühlen und viel Wut im Bauch, fahren wir wieder mit starken Regen und heftigen Gewitter zurück nach Samana, daß wir dort ohne einen Unfall ankommen ist ein Wunder, denn die Leute fahren wie die Verrückten, und es ist eigentlich unglaublich, das dort nicht noch mehr passiert. Jede Fahrt wird in diesem Land, wie in vielen anderen in der Karibik, zu einem Abenteuer!

---

[23] QUADRANT: Himmelsrichtung in vier Teile aufgeteilt. 1. Quadrant N bis O also von 000° bis 090° der 2. Qu. 90° bis 180° der 3. Qu. 180° bis 270° und der 4. Qu. Von 270° bis 360° Kann aber auch ein RUDERQUADRANT sein, bei einer Radsteuerung ist am Ruderschaft ein Ruderquadrant als zusätzlicher Bauteil aufgesetzt.

*Bild linke Seite: Ein kurzer Ausflug in St. Domingo zu Denkmal von Columbus und seinem Palast, natürlich begleitet von Regenschauern.*

Sonntag 6. August 2000 Der Kühlschrank arbeitet noch immer nicht korrekt und wir fahren mal an Land um Clarence anzurufen, der mich an seinen Assistenten weiter leitet, der mir nun erklären will, daß ich das „top ruder bearing" bekommen habe, aber ich würde das „upper ruder bearing" brauchen. Leider hat er keine Erklärung warum er mir eines schickt, das ich sicher nicht mit Boot im Wasser selber tauschen kann. Warum statt „Autohelm 7000" ein „Raytheon 7000" gesendet wurde weiß er leider auch nicht, ich schon, er gehört zu den 90% der „Mohren" die Vollkoffer sind, aber anscheinend arbeiten keine anderen bei Mooring. Ich spreche Bob Ross noch auf den Anrufbeantworter und wir fahren zurück an Bord.

Dann bringt Chico wieder mal den „Kühlschrankmensch" und der kommt auch mit seinem Vater, anscheinend glauben sie, je mehr Leute kommen, um so mehr können sie verlangen. Sie wissen aber beide nicht was der Kühlschrank hat, wollen aber mal „Frion 12" einfüllen, nur passt das Ventil nicht, was vielleicht gut ist, denn ich bin nicht sicher ob schon das neuere Gas dort eingefüllt ist. Er lässt aber mal etwas Gas aus, was aber den Kühlschrank nicht zum Arbeiten bewegt. John ist mit „S.Y.Resolute" heute vom Nationalpark zurück gekommen, „S.Y.Lordsway" kam schon gestern zurück. John bringt Buch mit Ratschlägen für Kühlschrank mit, aber es hilft uns nicht viel weiter. Wieder habe ich etwas Wasser in der Bilge, und da der Ausgleichsbehälter von Motorkühlung leer ist, muß ich Wasser nachfüllen und ich vermute daß Wasser von Motor kommt. Der Amperemeter bleibt hängen und daß Instrument funktioniert nur wenn man darauf klopft, was ist bei diesem Boot eigentlich nicht kaputt?

Montag 7. August 2000 Ich zerlege den 12 Volt Stecker im Cockpit und stelle fest, das hier „Plus" und „Minus" Anschluß vertauscht wurde, das war der Grund warum mein GPS nur bei Stecker unter Deck funktionierte! Ich schließe Stecker nun richtig an und nun funktioniert mein GPS auch im Cockpit, was das Navigieren nun doch erleichtert, falls wir jemals von hier weg kommen. John bringt uns mit Dingi an Land und ich mache Kopien von seinen Seekarten und telefoniere wieder mal mit Bob, der mich auf Wade verweist und verspricht ein Fax mit seiner Nummer zu senden, was aber nie ankommt. Endlich erreiche ich Betty, die Frau von Wade und sie will mir mit „Western Union" 2000.- US$ überweisen.

Wir holen unseren Film ab und gehen Einkaufen und kaufen noch Eis um unsere Sachen frisch halten zu können. Wieder an Bord funktioniert wie zum Hohn nun der Kühlschrank, hoffe aber es hält auch etwas an. Nochmals an Land und ich muß für Leihwagen noch 300.- Pesos aufzahlen und dann viele Probleme mit „Western Union" und sie wollen uns Geld nicht auszahlen, da die Überweisung von einer 800 Nummer über Visa kam und nicht ersichtlich ist, wer es gesendet hat. Ich habe ja nun schon 1500.- US$ von meinem eigenen Geld für den Übersteller und „Braveheart" ausgegeben, und ich brauche die 2000.- US$ schon dringend, vor allem bin ich ja keine Bank die hier Kredit geben kann. Nachdem ich drei Mal mit Betty telefoniert habe, zahlt mir „Western Union" die 2000.- US$ aus.
Mit John und Cindy gehen wir zu „Williams" Abendessen und sie bringen uns dann an Bord zurück. Ich kann es nicht glauben, das „holding plate" vom Kühlschrank hat Eis drauf und er scheint zu funktionieren und ich kann endlich wieder mal „kalte" Milch trinken.

Dienstag 8. August 2000 Teste wieder Motor mit Kühlung und es dürfte der Kühlschrank jetzt wirklich funktionieren, es dürfte doch zu viel Gas eingefüllt worden sein, was ich den „Spezialisten" von Mooring sofort zutraue. Wieder Wasser in der Bilge und bei genauem Check, stelle ich fest, Heißwasserboiler dürfte undicht sein, denn hinter der Isolation kommt Wasser raus, relativ viel! Wir fahren mit John an Land um zu telefonieren und einzukaufen, aber keine Chance bei Mooring in Tortola, dort ist Karneval und niemand zu erreichen. Bob versucht es zwar auch, hatte aber auch keinen Erfolg. Chico hat nun ein größeres Boot mit einem 40 PS Außenbord Motor und will uns Wasser bringen. Nun hat auch John von „Resolute" Probleme mit Motor und hat mal ohne Erfolg, zwei Mechaniker an Bord gehabt! Zwischendurch wieder starke Gewitter über uns hinweg gezogen.

Mittwoch 9. August In der Nacht wieder starke Gewitter und mit Schwell[24] ist unser liegen eher unangenehm. Von Tortola sollen nun

---

[24] SCHWELL - In Häfen hinein stehende Dünung. Von vorbei fahrenden Schiffen verursachter Wellenschlag. Stärker ausgeprägt und mit anderen Wasserwellen überlagert wird daraus "Kabbelwasser".

angeblich zwei „Techniker" kommen, sonst redet er nur Blödsinn wegen Lager und Autopilot. Ich rede später Bob nochmals auf das Tonband um sicher zu sein, das die wenigstens den richtigen Autopiloten mitbringen, denn wie es sich heraus gestellt hat, war der Grund warum sie mit ein „ top ruder bearing" gesendet haben, jener, sie hatten kein „upper ruder bearing" auf Lager. Wer hier nicht zum Rassisten wird, muß sich schon sehr unter Kontrolle haben. Chico bringt uns 50 Gallonen Wasser um 100.- Pesos und wir leisten uns Abendessen im „Samanesa" und es war wieder sehr gut und billig.

*Die hier noch gebrochene Boilerleitung konnte ich zwar mit PVC Kleber wieder dicht bekommen, nur kam dann das Wasser hinter der Isolation heraus, und an dieses Leck kam ich nicht mehr heran.*

Donnerstag 10. August 2000 Morgens wieder mit Bob Ross von Mooring in Florida telefoniert, der mich nun an „Ward Richardson" den Manager von Beneteau in Massachusetts verwies, der aber leider nicht zu erreichen war, ich kann aber mit Mike reden, wer immer das auch sein mag. Jedenfalls muß ich nochmals auf das Boot um Mike die Nummer vom Rumpf der „Braveheart" durch geben zu können und er will mir das richtige Lager zusenden. Heute waren noch mehr Leute am Warten zum Telefonieren als sonst, ich muß jedes Mal lange warten bis ein Telefon frei wird. Ich schaffe es dann Mike die Rumpfnummer per Fax zu senden. Wir leisten uns Friseur zum Haare waschen und Spitzen schneiden, und fahren zu kleinen Wasserfällen die in der Nähe sind. John ist auch zurück gekommen, er hat nun seine Zylinderkopfdichtung um 100.- Pesos in nur zwei Stunden gemacht bekommen.

*Ein kleiner Ausflug tut uns beiden gut, die letzten Tage waren doch eher sehr stressig gewesen, vor allem wenn man nur mit Idioten zu tun hat, lässt einem etwas Verzweifeln.*

Freitag 11. August 2000 Morgens wieder nach langem Warten endlich Bob erreicht und er sagt mir, das Mooring Tortola doch den richtigen „Autohelm 7000" Autopiloten senden will, aber doch keine Techniker kommen. Bei Beneteau in Massachusetts waren weder Mike noch Ward zu erreichen, ich hinterlasse eine Nachricht für Mike, da kein Fax da war. An Bord macht wieder Starter Probleme und ich checke nochmals alles durch und sehe dann, daß das Pluskabel locker geworden ist. Ich ziehe daß Pluskabel fest und hoffe, daß damit das Problem beim Starten behoben ist, und ärgere mich, daß es mir nicht schon vorher aufgefallen ist. Nachmittags wieder starke Gewitter und Regen, ich gebe mit Gabriela die Wegpunkte für die weitere Route, gleich mit Korrektur, in meinen GPS ein. John hat Freude, sein Motor läuft am Abend doch noch, dann kommen Wendy und Jim genau bei Gewitter um 2000 mit Bus von St. Domingo zurück. Trotz ein paar klarer Abschnitte sind keine Sternschnuppen zu sehen, denn um den 12. August kommt der „Perseiden" Schwarm, auch „Die Tränen des Laurentius" genannt!

Samstag 12. August 2000 Morgens fährt Gabriela mit Wendy zum Markt und kann sich mit Einkauf von viel Gemüse und Fisch mal richtig austoben. Jede Menge T-Shirts um zehn Pesos das Stück, wo auch für mich welche abfallen und wir haben mal wieder etwas Wäsche zum wechseln. Das Wetter ist wieder brutal heiß und schwül, wir rudern an Land wo mein provisorisch geklebtes Ruder wieder bricht. Natürlich ist wieder kein Fax gekommen. Wieder fehlt Kühlwasser im Ausgleichsbehälter von Motor und Starter macht wieder Probleme. Wir sind in der Nacht draußen, aber keine Sternschnuppen zu sehen, dafür aber wird von einem Patrouillenboot die „Mönchsgut" ein Arbeitsschiff in den Hafen rein geschleppt. Obwohl die „Mönchsgut" sicher ein paar hundert Tonnen hat, führt weder das Patrouillenboot noch die „Mönchsgut" ein Positionslicht, beide in der Dunkelheit natürlich sehr schwer auszumachen. Sie sind und bleiben „Wilde" und haben keinerlei Berechtigung ein Schiff zu führen.

Sonntag 13. August 2000 Nacht wieder ohne Sternschnuppen Sichtung und Jim kommt und klebt mein Ruder mit Epoxy. Dann kommt Chico, natürlich um 1,5 Stunden zu spät, mit anderem Elektriker und wir bauen Starter aus und er fährt nach Enagua um neuen Magnetschalter zu holen. Wir fahren an Land um Eis zu holen, damit unsere Sachen nicht im Kühlschrank verrotten, und das geklebte Ruder scheint zu halten.

Montag 14. August 2000 Morgens wieder Nacht mit starken Schwell und kurzen Regenschauern, und wieder dürfen wir die Manöver von zwei einheimischen Booten beobachten. Es fährt die „Minadin" bei einem dubiosen Manöver voll auf die „Aries" auf und wir sehen von weitem wie dort das Holz absplittert. Ohne hier zum Rassisten zu werden, aber es bleiben eben „Mohren"! Um 0800 hätte Elektriker mit Starter kommen sollen, er kommt mal gegen 1100 und baut Starter mit neuen Magnetschalter ein, aber wie könnte es anders sein, es bleibt das selbe Problem, wieder ein paar Mal „klick" bis er endlich startet, eigentlich ärger als noch mit alten Magnetschalter! Er gibt alten Magnetschalter wieder rein, und angeblich stellt er dann fest, daß ein anders Kabel einen schlechten Kontakt hat! Ich bin nahe am durchdrehen, wenn es wahr ist, warum lässt er mich dann einen Tag ohne Motor stehen?

Ich telefoniere mit Bob und bekomme die Paket Nummer von FEDEX mit denen ich sofort auch telefoniere und das Lager soll morgen mit „Carib Tours" nach Samana kommen. Hinterlasse noch Nachricht für Mike, wieder von einem Schalter zum anderen gerannt um endlich telefonieren zu können. Wieder starker Regen und Böen, wir geben noch „Multileg" Route in GPS ein, und es scheint als würde Starter nun wirklich funktionieren.

Dienstag 15. August 2000 Wir haben bereits den 22. Tag an Bord und unsere vorangeschlagene Zeit schon um mehr als das Doppelte überschritten. In der Nacht war Schwell so stark, das ich glaubte jemand hat uns ein „Fass" auf die Badeplattform geworfen, so knallen die Wellen auf das Heck, unverständlich sowas zu konstruieren. Der Elektriker hätte kommen sollen und das Geld zu bringen, das ich ihm zu viel als „a Conto" gegeben habe, er tauchte natürlich nicht auf. Paket kam auch um 1800 nicht mit dem Bus auf dem wir noch gewartet haben, um dann bei Regen und „Wetterleuchten" in der Ferne auf die „Braveheart" zurück zu rudern.

Mittwoch 16. August 2000 Wieder Gewitter in der Nacht, es kam weder Chico noch der Elektriker, aber jede Menge Pakete kamen mit Bus, nur leider nicht unsere! Es wird ein neuer Präsident „Hippolito" gewählt der nun sein Amt übernimmt und in der Dom.Rep. herrscht Ausnahmezustand, alles ist „besoffen" und keiner will arbeiten. Es gibt überall nur „Fiesta" was uns eher nicht weiter hilft.

Donnerstag 17. August 2000 In der Nacht wieder starke Gewitter mit Regen der durch alle undichten Luken reinkommt, die von den Facharbeitern in der Mooring Basis in Tortola „repariert" wurden.

*Die Lichtmaschine wurde nun mit einer „gebrauchten" neuen Ersetzt, nur leider machte der Starter noch immer genug Probleme.*

Wir fahren mit Wendy, die zum Zahnarzt muß an Land um wieder die „Telefontortur" durch zu machen. Ich telefoniere mit Bob, Clarence und Bentley, auch noch mit FEDEX und wir warten auf Bus der um 1200 kommt, natürlich ohne unsere Pakete. Somit werde ich wieder mal sehr laut und schimpfe alle Wörter dich kenne und endlich bequemen sich die Angestellten von „Carib tours" und checken die Nummer von meinem Paket, und nun kommt wirklich der „Hammer", unser Paket wurde nach „San Diago" geschickt, obwohl am Paket riesengroß „Samana" darauf stand. Nun muß das Paket wieder nach „St. Domingo" zurück gehen, damit es dann neu nach „Samana" gesendet werden kann!

Meine Nerven haben keine Zeit sich zu beruhigen, speziell nach langem Telefonat mit FEDEX in St. Domingo, wo ich unglaubliches erfahre. Mein Paket mit Autopilot, das ja an Erich Beyer, S.Y. Braveheart in Samana, adressiert ist, wurde an einem Mann mit Namen „Iglesias Ruiz" der für die „Banco Popular" arbeitet ausgehändigt und ist nicht mehr in der FEDEX Filiale. Sie meinen allen Ernstes, ich soll das Paket selber von diesem Mann abholen, was mich nahezu „durchdrehen" lässt, wäre ich in dieser FEDEX Filiale würde ich zum „Serienmörder" werden. Nun lernen auch die dortigen Angestellten meinen Sprachschatz in spanischen Schimpfwörter kennen, und nach langen Diskussionen versprechen sie nun daß Paket aufzutreiben und nach Samana zu senden. Ich telefoniere auch noch mit Carol Anne, da ja nun unser Boot nicht zehn Tage sondern bereits 24 Tage hinter ihrem Haus am Steg steht. Nachdem uns Chico gesagt hat, daß der Elektriker „out of town" war und deshalb nicht gekommen ist, haben wir für den Tag genug und leisten uns Essen mit „Resolute" und „Lordsway" beim Chinesen.

Freitag 18. August 2000 Wendy sagt uns, da die ja ein SSB[25] an Bord haben und somit Warnung erhalten haben, das sich ein Hurrikan nähert. Da unser Ankergeschirr alles andere als wirklich ausreichend ist, speziell der zweit Anker, eher leicht ist. Wir beschließen in den National Park rüber zu gehen, wo es ein sicheres „Hurrican Hole" gibt, wo wir sicher ankern können. Chico bringt uns nochmals Wasser und es kostet für 130 Liter Wasser 100.- Pesos, davon 60.- Pesos für Chico und 40.- Pesos für das Wasser! Bekomme die Bugtanks an STB voll und BB ca. halb voll. Da wir für Fahrt zum National Park ein Permit (Erlaubnis) brauchen, fahre ich mit Jim zum Hafenkommandanten wo wir mal eine Stunde warten müssen, wobei es Jim nicht gut geht. Wir haben einen „Local" als Dolmetscher mit, und wie es sich heraus stellt, wollen sie uns mal nicht gehen lassen, und der Dolmetscher erklärt uns, daß sie ein „Trinkgeld", also Bestechung von uns erwarten. Nach langer Diskussion will der Hafenkapitän von uns sogar 500.-US$ da er meint er könne sonst nicht riskieren, daß bei einem Hurrikan ein Boot im National Park einen Schaden

---

[25] SSB Single Side Band ein Marine Funkgerät für lange Distanzen auf Kurzwelle, im Gegensatz zu VHF Very High Frequency (UKW - Ultrakurzwelle) das nur für kürzere Distanzen geeignet ist, im Normalfall ca. 20 bis 50 Sm je nach Antennenhöhe.

hat. Nun werde ich mehr als nur laut, denn das ist mehr als eine Frechheit, wie ich schon sagte, arbeitet hier einer am Bau oder einer Grube ausheben um ca. 3-5 US$ AM TAG! Dieser Vollkoffer hat nicht die geringste Relation zu dem was er hier von uns als Bestechung will, alle glauben, daß jeder der eine Segelyacht besitzt auch gleich ein Millionär ist.

Ich schimpfe ihn mal mit allem was ich Spanisch kann und eines ist sicher, selbst der blödeste Hafenkapitän weiß was „fuck you" in Englisch heißt. Ich werde sehr laut und der „Dolmetscher" traut sich nicht mehr zu Übersetzen was ich dem Hafenkapitän alles sagen will, und somit schicke ich ihn weg, und er ist froh, daß er gehen kann. Jim spricht aber etwas Spanisch, kann aber nicht viel sagen, da es ihm immer noch nicht gut geht. Da hier die Hafenkommandantur irgendwie zum Militär gehört, somit nebenan nicht nur die Kaserne sondern auch das Gefängnis ist, kommen, da ich so laut herumschreie sogar ein paar Soldaten an die Tür zum Büro, weil sie wahrscheinlich denken, ich werde den Hafenkapitän gleich umbringen, und weit bin ich wirklich nicht entfernt davon. Ich drohe ihm damit, daß ich den Tourist Minister anrufen werde und die Botschaft, und er sicher kein Geld von mir als „Bestechung" bekommen wird.

Ich mache ihm verständlich, daß ich der Kapitän bin und ich gehe ins „Hurrican hole" auch ohne seiner Erlaubnis, wenn ich es für richtig halte und für die Sicherheit unseres Bootes. Irgendwie scheint er doch vor mir Respekt zu haben, wahrscheinlich hatte es noch kein „Gringo" vorher gewagt, so mit ihm zu reden und er verschwindet mal im anderen Zimmer und einer seiner Adjutanten kommt statt ihm und fängt an diverse Papiere auszufüllen und herzurichten und siehe da, das Permit wird mit etwas Murren vom Hafenkapitän unterschrieben, und wir bekommen das Permit um eine geringe Arbeitsgebühr, und auch Jim bekommt es für die „Lordsway" ausgehändigt, bevor uns der Hafenkapitän, buchstäblich aus dem Büro wirft, er scheint etwas „gekränkt" zu sein, was mir egal ist, Hauptsache wir haben unser Permit.

Um 1540 gehen wir Anker auf und segeln mit Kurs 250° hinter der „Lordsway" in Richtung „National Park Los Haitises" wo wir nach 12 Sm die Einfahrt passieren und um 1825 haben wir in der „Bahia de San Lorenzo" auf Position 19°04'8" N und 69°28'3" W den Anker gesetzt. Wendy und Jim kommen mit ihren Tieren zu uns an Bord und wir Essen zusammen mit lustiger Plauderei noch bis 2130, es war ein ereignisreicher Tag für alle von uns gewesen. Nacht erst mal relativ ruhig und klar, aber wie sagt man so schön, „die Ruhe vor dem Sturm", na hoffentlich nicht.

*Das lange umkämpfte Permit für den „Parque nacional de los Haitises"*

Samstag 19. August 2000 In der Nacht etwas Wind und um 0400
wieder Regen und sehr viele Moskitos, die uns nicht gerade gut schlafen
lassen. Da die Einfahrt in das „Hurrican hole" ziemlich seicht ist, fahren
wir mit Wendy und Jim mal in die von steilen Felswänden und Mangroven
bewachsenen Ufern umgebene Bucht, und loten die Einfahrt aus. Stellen
fest, daß ich sicher nur bei Hochwasser in die Bucht komme, und selbst da
gerade habe ich buchstäblich nur mehr „eine Handbreit Wasser" unter dem
Kiel. Wir erforschen auch noch den hinteren Teil der Bucht und gehen
durch den Regenwald, um ein paar Höhlen zu besichtigen, wo es angeblich
noch „Wandmalerei" aus der Steinzeit zu sehen gibt. Leider ist nach ein
paar hundert Metern der Pfad total zugewachsen und viele Moskitos
machen uns den Ausflug schwer. Wir sehen uns mal die ganze Bucht mit
dem Beiboot an, wo es am sichersten zu ankern und zum Festmachen ist,
Mangroven gibt es genug wo man sich festmachen kann. Eines ist sicher,
durch die hohen Steilwände liegt man wie in „Abrahams Schoß" denn es
kann außen 10 Bft Wind haben, hier drinnen würde man nicht mal ein
Lüftchen spüren, hier liegt man sicher bei jedem Hurrikan.

*Am Steg im „Hurrican Hole" mit dem „Tierpark" von der Lordsway.*

Starter macht wieder zweimal Probleme, da es noch sonnig ist, legen wir die Matratzen zum trocknen raus, da ja durch die noch immer undichten Luken bei starkem Regen immer noch Wasser reinkommt. Ich gehe auch noch tauchen und kratze die Barnicles vom Propeller ab, der schon wieder mit den Muscheln zugewachsen war. Wir gehen auf die „Lordsway" auf einen Trink und plaudern über Gott und die Welt und den Menschen, wie ja schon am Namen des Bootes zu erkennen war, sind Wendy und Jim sehr gläubig, ich glaube ja eher an mich, als an einen von den Menschen erfunden Gott.

*Bei den Höhlenzeichnungen aus der Steinzeit, habe ich meine Zweifel, und bei ein paar „Piktogrammen" denke ich, daß sie von Einheimischen Vandalen dazu geschmiert worden sind, sonst ist Höhle schön anzusehen.*

Sonntag 20. August 2000 Über VHF Funk sagt mir „Resolute" durch, daß nun ein Paket eingetroffen ist, und wir machen nochmals einen kurzen Ausflug zu den Höhlen bevor wir wieder nach Samana wollen.

*Die Höhle hat viele interessante „Ausblicke" vor allem ohne Touristen.*

Um 1200 gehen wir mit fast keinem Wind unter Motor mit Kurs 69° nach Samana zurück, auch die „Lordsway" geht mit uns. Kurz vor Samana kommt uns die „Resolute" entgegen, mit der Warnung von Hurrikan „Debie" der genau in unsere Richtung kommt, eigentlich schneller als wir dachten und die Vorhersagen waren. Daraufhin dreht die „Lordsway" wieder um und geht zurück ins Hurrikan Hole. Ich bleibe auf Kurs, nicht nur weil die Einfahrt für uns sehr seicht ist, und wenn ich dann vielleicht in der Einfahrt stecken bleibe, kann kein Boot an mir vorbei, weder rein noch rausfahren. Außerdem habe ich ja nur zwei Anker, einer davon eher zu schwach und fast keine Seile um mich wirklich zwischen den Mangroven verspannen zu können. Die Ausrüstung von der „Braveheart" ist alles andere als ausreichend, mehr auf der schlechten Seite.

Zurück in der Bucht Santa Barbara, vor Samana, setze ich gleich beide Anker und grabe sie voll mit der Maschine ein, aber ob sie einen

Hurrikan überstehen, wage ich zu bezweifeln. Mehr kann ich im Augenblick nicht tun, wir werden wenn „Debie" hier durchkommt, vorher in ein Hotel gehen, es wurde uns sogar vom Eigner vorgeschlagen, da Boot ja versichert ist und unser Leben bevor geht.

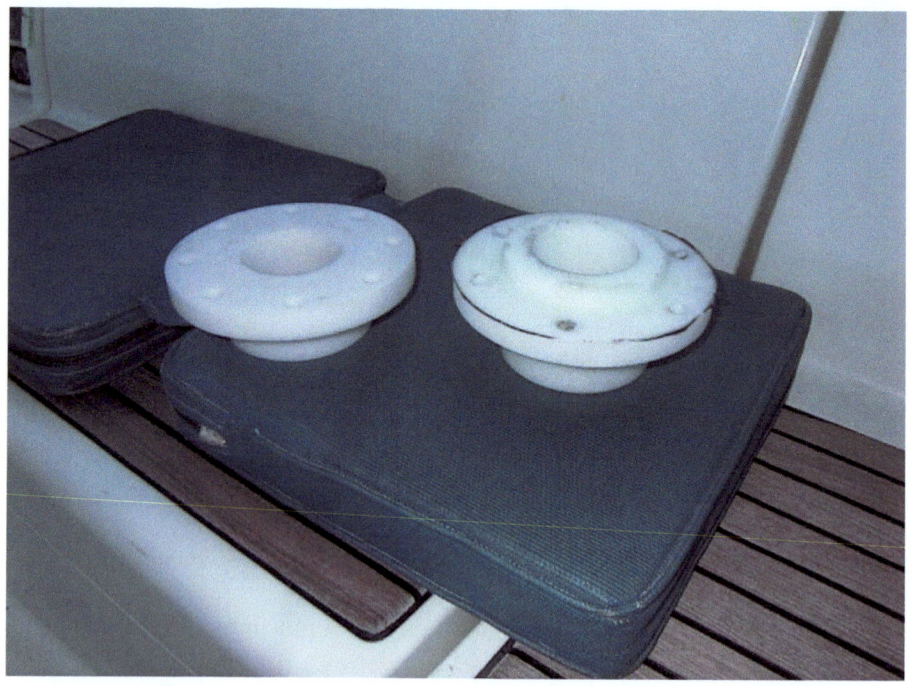

*Was sagt es über die „Manager" von Benteau aus, die mich bei Regen zurück an Bord fahren lassen um die Rumpfnummer abzulesen, und dann können sie nicht von sechs und acht Löchern unterscheiden? Noch dazu ist die Führung etwas kürzer und ich kann nur hoffen, es genügt und hält bis wir in Florida sind, nachdem ich daß neue Lager um 50 Pesos auf die nötigen acht Löcher um bohren ließ!*

Ich zucke fast aus, als ich sehe, daß sie wieder ein falsches Ruderlager gesendet haben, wie blöd muß ein „Manager" von Beneteau sein um sechs von acht Löchern nicht zu unterscheiden? Ich baue mit Gabriela das Lager aus um es morgen in einem Shop umbohren zu lassen, und stecke einstweilen das „andere falsche" Lager als Führung rein, damit Welle hält und nicht bei dem Schwell hin und her schlagen kann. Ich rufe wieder mal Bob an und erreiche ihn am Handy, wo er mir nochmals sagt, ich soll in Hotel gehen falls „Debie" zu uns kommt. Wieder brauche ich vier „Klick" bis sich der Starter dreht, nochmals mit Chico wegen Elektriker gesprochen.

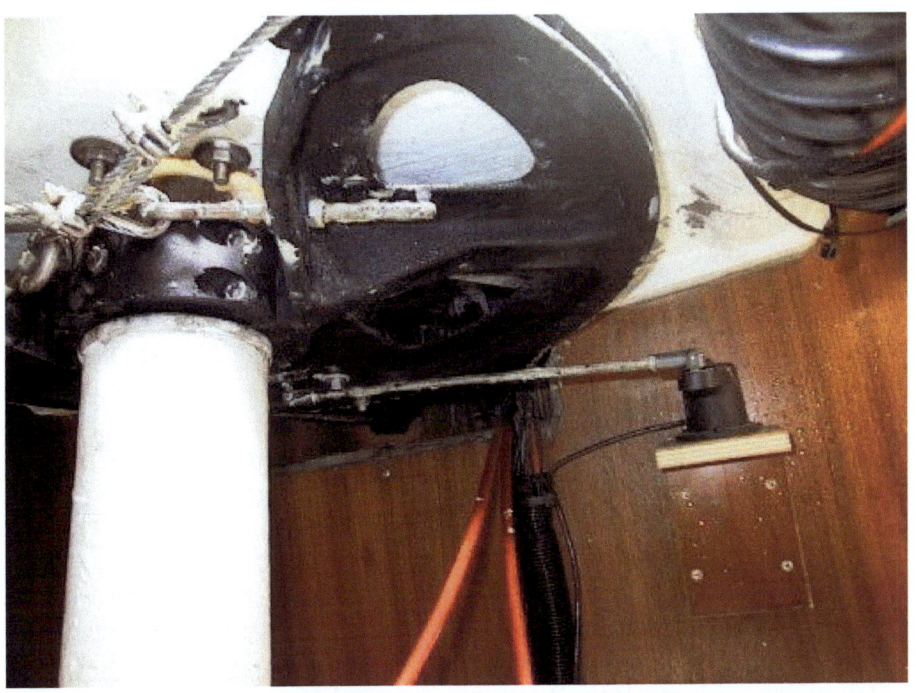

*Oberhalb des Ruderquadranten der Rudersäule sitzt das Ruderlager, daß ich jetzt zwar neu einbauen konnte, nachdem wir die Löcher nachbohren ließen, nur ist es auch etwas kürzer, ich hoffe es macht nichts aus und hält.*

Montag 21. August 2000 Nun nach letzter Meldung soll Hurrikan „Debie" morgen Puerto Rico Erreichen und soll südlich an uns vorbei gehen, was noch weniger gut für uns ist, denn wir wären dann im „bösen" Viertel, denn in der Zugrichtung eines Hurrikans ist das vordere rechte Viertel das mit meisten Wind, da ja noch die Windgeschwindigkeit mit der er sich bewegt, dazu kommt! Jetzt ist „Debie" auf 15°07' N und 55°43' W.

61

*Bucht „Santa Barbara" vor Samana, noch bei schönen Wetter.*

Heute ist auch der richtige Autopilot „Autohelm 7000" gekommen, es ist ein gebrauchter, denn nun weiß ich warum sie den „Raytheon" statt den „Autohelm" gesendet haben, sie hatten keinen auf Lager, deshalb haben sie nun diesen aus einem anderen Boot ausgebaut. Nur wie degeneriert und verblödet muß man sein, ein falsches Gerät zu senden, wo weder die Anschlüsse der Kabel stimmen, noch es in die Löcher zum Einbauen passen würde. Immerhin kostet dieser Autopilot an die 700.- US$, also warum sende ich dann ein solches Gerät, was sicher nicht passen kann. Egal ob das jetzt ein „schwarzer" oder „weißer" sein würde, er hat kein Recht als Gleichberechtigter, denn er ist ein Volltrottel und dürfte sicher nicht so einen Job haben und die Verantwortung für Charterboote übertragen werden und noch verblödeter sind die Vorgesetzten die solche Leute überhaupt einstellen, denn an solchen Leuten hängt das Leben von anderen Menschen ab.

Wir bauen das Lager, nun mit acht Löchern ein und hier im Hafen funktioniert es mal, was es aber auf hoher See tun wird, wird sich zeigen. Auch den Autopilot eingebaut, der ebenfalls gut funktioniert. Wir telefonieren noch mit Bob, Ward und meinen Freund „Schluchz" Heinrich und Renate und trinken bei einem Deutschen, der sich hier ein Cafe aufgemacht hat, einen Eiscafé, und finden noch einen Fleischer und somit gibt es am Abend eine gute Rindsuppe und Steaks an Bord.

Dienstag 22. August 2000 Nach letzter Information soll „Debie" nun doch nördlich von Puerto Rico und der Dom.Rep. vorbei gehen, er soll um 0200 auf Position 19°04' N und 68°07' W sein. Wir machen Boot klar, alles festgezurrt, soweit wir es mit den paar Seilen können. Groß mit Seilen verschnürt und die Bimini abgebaut, bei dem Gestänge sind alle Schrauben verrostet und drehen sich nicht mehr.

*Foto vorige Seite zeigt durch die Gischt, das „Braveheart" noch an seinen Ankern hängt, obwohl andere Boote im Hafen etwas Probleme haben.*

Alles im Hafen bereitet sich auf „Debie" vor, es ist noch ruhig aber es werden schon teilweise die Fenster vernagelt. Chico bringt uns an Land und wir ziehen in ein Hotel ein, natürlich ein Verwandter von Chico, wir haben die üblichen Kakerlaken im Zimmer, was uns aber nicht aufhält ordentlich zu duschen und Gabriela wäscht einen Teil unserer Wäsche durch, wir wollen es ausnützen nicht mit Wasser sparen zu müssen. Um 1600 sieht alles noch relativ friedlich aus, wir gehen zum Chinesen Essen nur wieder viele Moskitos, es ist in der ganzen Stadt der Strom ausgefallen, es laufen nur die Notstromaggregate und wir versuchen mit Pine Colada zu relaxen. Am Abend sehen wir ein großes Motorboot in der Nähe von „Braveheart" liegen, können aber bei einbrechender Dunkelheit nicht mehr genaues entdecken. Um 2230 ist es fast unheimlich, windstill, schwül und in der Ferne nur Wetterleuchten zu sehen, man glaubt fast an keinen Hurrikan. In der Nacht hält sich Wind mit 4-5 Bft aus SE in Grenzen.

Mittwoch 23. August 2000 Die Nacht war verhältnismäßig ruhig, bis auf starke Regenschauer. Ich rufe Bob und dann David Jones für Wetterbericht an, es soll noch viel Regen und Windböen aus SE. Wir bleiben noch im Hotel und um 1200 beginnt Wind aus SE um die 7 Bft mit starkem Regen. Vor uns liegt „Victoria II" ein Motorboot, sie könnte auf uns driften, wenn ihr Anker geht. Um 1600 lässt Wind etwas nach, Schwell und Regen hält an und das die ganze Nacht, eine sehr feuchte Angelegenheit. Wir gehen noch in die Stadt zum Abendessen.

Donnerstag 24. August 2000 Morgens noch immer starker Regen, aber wir lassen uns von einem Ausflugsboot an Bord bringen, da Chicos Motor wieder mal streikt. An sich alle ok, nur es ist innen überall feucht geworden, da es fast in allen Luken den Regen reingedrückt hat. Dann bringt uns Chico 15 Gallon Diesel und 75 Gallon Wasser und holen unsere restlichen Sachen vom Hotel und machen Großeinkauf für die weiter Reise. Wir waren noch bei Elektriker, der natürlich nicht da war, nur sein Sohn Harold, somit werde ich das Geld das ich als Vorschuß gegeben habe, nie mehr bekommen, aber wir gehen mit anderem Elektriker an Bord der sogar ein Messgerät mithat und nun fähig ist alles durchzumessen.

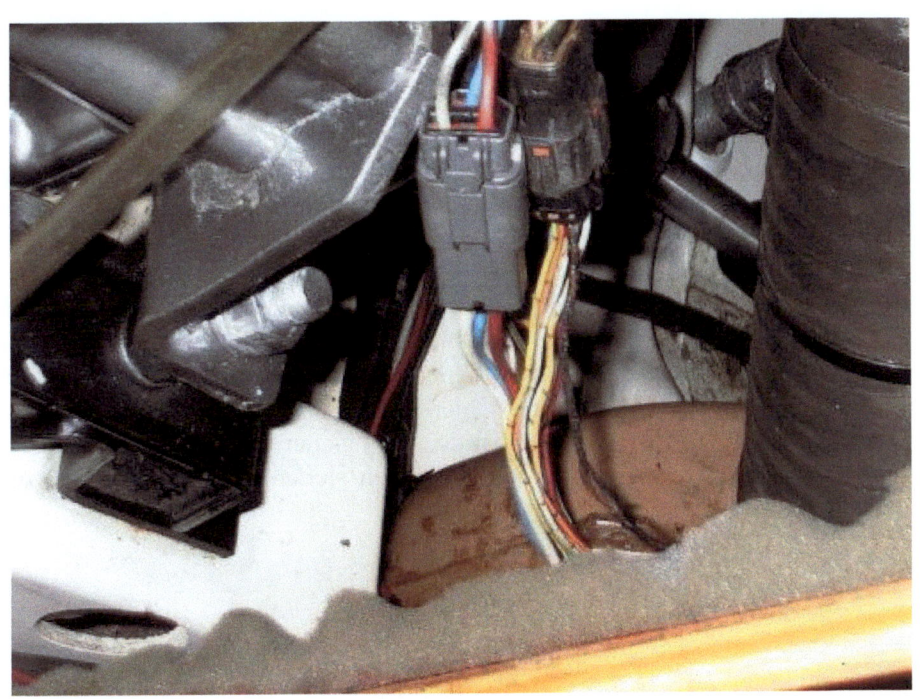

*Deutlich zu sehen, der rechte Draht ist total durchgeschmort und eigentlich müssen wir froh sein, daß wir nicht zu brennen angefangen haben, für mich wäre es dann bereits das vierte Mal gewesen, drei Brände hatte ich schon auf Booten, zweimal auf Motorbooten und mit meiner ersten „Key of life"*

Nach relativ kurzer Zeit findet er heraus, daß ein Kabel einen Kurzschluß verursacht hat und durchgeschmort ist. Der Starter hatte aber trotzdem bei Check mit Elektriker vorher, ohne Probleme beim ersten Mal sofort funktioniert, ist anscheinend wie beim Zahnarzt wo nichts mehr weh tut wenn man dort ist. Wie weit das verschmorte Kabel nun die Fehler bei Starter oder Lichtmaschine verursacht hat, kann weder der Elektriker noch ich erklären. Er tauscht den Draht aus und meinte nun, daß alles in Ordnung sein müsste. Ich montiere die Bimini[26] wieder und hole den

---

[26] BIMINI: Ein Verdeck mit einem Gestänge über das Cockpit zum Schutz gegen die Sonne.

zweiten Anker ein und verstaue ihn, dann noch den Log und das Echolot gezogen und gereinigt um wenigstens nicht weitere Probleme mit Angaben für Navigation zu haben.

Um 1500 sind wir bei Hafenkapitän um die Papiere für Ausklarieren zu bekommen, wir sollen um 1700 wieder kommen, dann sind sie fertig. Natürlich waren um 1700 keine Papiere fertig und es wurde wieder ziemlich laut von meiner Seite, und wieder muß ich alles was ich in Spanisch schimpfen konnte durch das Büro schreien und mit Tourist Minister drohen um dann endlich um 1830 die Papiere zu bekommen. Mit der Auflage, daß wir morgen um 0700 abfahren sollen, dann fährt ein Soldat und den Papieren mit uns in Chicos Boot bis zur „Braveheart" wo er uns, als wir an Bord sind, von Chicos Boot aus, die Papiere übergibt. Warum diese Aktion angeordnet wurde, weiß sicher nur das kranke Gehirn des Hafenkapitäns, aber eines ist, glaube ich sicher, er ist froh wenn wir endlich weg sind!

*Letzter Blick über die Bucht Santa Barbara vor Samana in der Dom.Rep.*

66

# 4.Kapitel:
## Weiter in die Bahamas und Florida!

Freitag 25. August 2000 In der Nacht wieder Regen und starker Schwell, ich bekomme von „Lordsway" noch Wetterbericht und wir tauschen noch Bücher aus, und wir gehen nun zwischen zwei tropischen Wellen in Richtung Bahamas. Um 0940 gehen wir Anker auf und mit gerefften Groß und Motor dampfen wir mal gegen den Schwell auf Sicht in Richtung „Punta Balandra" Nach 16 Sm mit Motor haben wir um 1255 eine Sm an BB Dwars[27] nun „Capo Samana" passiert und ich kann Motor abstellen und Genua dazu setzen und mit Kurs 317° laufen wir mit guter Sicht und Wind aus NE mit 4-5 Bft aber straken Schwell endlich weiter und einstweilen ist das Ruderlager nicht zu hören und auch Autopilot arbeitet gut.

Um 2144 haben wir das Leuchtfeuer von „Capo Frances Viejo" ca. 2 Sm an BB Dwars aber es ist leider ausgefallen, wie so viele Leuchtfeuer in der Karibik und ich denke sehnsüchtig an das alte Jugoslawien zurück, wo die Feuer wirklich gut gewartet wurden und nur sehr selten nicht funktionierten. Leider hat sich nun auch das Ruderlager wieder gemeldet, nicht so laut wie das alte, aber es ist wieder da. Rund um uns ist überall Wetterleuchten zu sehen, sonst gute Sicht mit halber Bewölkung und ab und zu einen Regenschauer.

Samstag 26. August 2000 Wir haben guten Wind zum segeln, nur komme ich nicht gut zum schlafen, dann morgens wieder starke Gewitter mit Böen und ich muß kurz die Genua reffen. Um 0500 haben wir „Puerto Plata" an BB liegen, sind kurz vor „Luperon" wo eines der besten „Hurrikan holes" der Dom.Rep. liegt, man kann es aber auch als „Harbour of loosers" bezeichnen, den viele von den „Fahrtensegler" schaffen es gerade bis dorthin und nicht mehr weiter in die „West Indies" da aber hier, die Route nach Süden als „Dornenpfad" bezeichnet wird. In meinen Segelbüchern habe ich diese Route ja gefahren und beschrieben. Die Schotleine hat sich in WC Luke verfangen und uns einen „Sprung" gemacht, da aber sowieso alle Luken undicht sind, kümmert es mich, ehrlich gesagt nicht sehr viel.

---

[27] DWARS- Querab, rechtwinklig zur Fahrtrichtung

Als uns „You Ya", ein Frachter entgegen kommt, rufe ich ihn über Kanal 16 am VHF Funk an um eventuell einen Wetterbericht zu bekommen. Leider versteht er nicht mal das Wort „weather report", obwohl eigentlich jemand an Bord auch Englisch sprechen sollte. Der GPS hat wie später auch zweimal auf der „Bahama Bank" kurzzeitig „gesponnen" und nur einen Satelliten erreicht, dafür hat er auf einmal einen „Gegenkurs" angezeigt mit einer Geschwindigkeit von 80 Kn!!!

Wir sind sicher nicht so schnell, aber um 1200 haben wir ein Etmal von 146, 6 Sm geschafft mit einem Schnitt von 6,11 Kn und wir laufen mit Kartenkurs von 286° und gereffter Genua und Groß mit ENE Wind bis zu 6 Bft und machen schöne Fahrt. Um Mitternacht haben wir in den letzten 12 Stunden sogar einen Schnitt von 6,73 Kn geschafft und sind auf Position 20°38'0" N und 72°26'0" W.

Sonntag 27. August 2000 Um 0430 wieder starke Gewitter mit Böen und ich nehme die Genua weg und will, um das Ruderlager zu entlasten, Motor dazu nehmen, nur wieder kann ich nicht starten, denn wieder hängt der Magnetschalter. Ich sehe am Starter, daß Funken bei Kabel zu Magnetschalter springen, ich kann mit Kabel bewegen und kurzschließen von Magnetschalter wieder starten und wir gehen in Richtung „Great Inagua" mit 278° in starken Gewitter. Um 0610 sehe ich, das Motor zu heiß wird, er hat bereits 100° und bei Check ist aber der Ausgleichsbehälter noch halb voll, also kann kein Wasser fehlen, dieses Boot kostet mich viel graue Haare, vor allem kurz darauf wieder Ladeprobleme und bei Kontrolle sehe ich, daß Stecker von Lichtmaschine abgegangen ist, ich muß ihn dann wenn Motor kalt ist, besser montieren, damit es nicht nochmals passiert.

Um 0700 stoppe ich Motor und setze wieder volle Genua und wir haben „Landfall" und sehen „Great Inagua" am Horizont, auf Position 20°49'7" N und 73°05'1" W. Mittags haben wir Leuchtfeuer von „SW Point" in Sicht und wir haben eine Etmal von 149 Sm geschafft mit einem Schnitt von 6,2 Kn. Wir legen uns etwas nördlich von der Stadt „Mathew Town" vor Anker, wo der Schwell und Wind gerade noch erträglich ist. Im Ankerkasten findet Gabriela einen fliegenden Fisch, und wir versuchen uns von den letzten wieder sehr ereignisreichen Tagen mit 309 Sm etwas zu erholen und ich muß eine neue Gasflasche anschließen damit wir zu Cafe und Essen kommen. Kein Wetterbericht auf allen Kanälen zu empfangen, an Land sehen wir hohe Berge mit Salz liegen, eine der Einnahmequellen von „Great Inagua" und „Mathew Town".

69

*Gabriela mit fliegenden Fisch aus dem Ankerkasten.*

Montag 28. August 2000 Wir schreiben unseren 35. Bordtag und haben etwas über die Hälfte mit 677 Sm geschafft. Im Radio auch kein Wetterbericht, nur es ist der Prime Minister gestorben und wir hören nur Trauerreden und Kirchenmusik im Radio. Da es hier sehr unruhig ist, legen wir uns vor die Stadt und dem Rest was von der Mole noch übrig ist, vor Anker, hier Schwell etwas besser. Mit Dingi an Land, was mit nasser Hose endet da der Schwell am Strand sehr stark ist und fast unser Dingi zum kentern bringt. Bei Zoll ist leider niemand da, sie sind gerade am Flughafen, es kommt hier dreimal wöchentlich ein Flug an, somit müssen wir warten und meine Hose hat etwas Zeit zum trocknen. Wir machen einen Rundgang durch die „Stadt" die zum größten Teil von der Salzproduktion lebt, wo auch die halbe Stadt bei der „Morton Salt" Company arbeitet, und von den Gebühren die sie von den Yachten für das Permit und die Durchfahrt in die Bahamas verlangen, die wenn man nur durchsegeln will, ganz schön teuer kommen.

*Foto vorige Seite: Vor dem Rathaus ein Erinnerungsfoto und Gabriela hat sich von den unzähligen leeren Schnecken Gehäusen am Strand eine „Conch" mitgenommen, die Nationalspeise in den Bahamas.*

Die Zöllner sind sehr freundlich, und wir bezahlen für Permit 100.-US$ und nochmals 10.-US$ für Stempelmarken, ich mache aber auch gleich wieder die Ausklarierung damit wir nicht in „Bimini" Alice Town nochmals an Land müssen und zum Zoll. Vor allem weiß ich ja noch nicht um welche Zeit wir da vorbei kommen, und in der Nacht arbeitet auch dort niemand.

*Tonnen von Meersalz werden hier von „Morton Salt" gelagert.*
*(Quelle Google)*

Wir gehen noch Essen und einkaufen und kommen halbwegs trocken wieder mit Dingi zur „Braveheart" zurück und wir verstauen Dingi wieder an Deck. Als ich starten will, macht Starter wieder Probleme, nur diesmal dürfte ich den Fehler gefunden haben, es dürfte das Kabel sein, das von oben, vom Zündschloß kommt, denn ich kann unten am Starter ohne Probleme die Kabel kurzschließen und starten, hoffe das damit Problem gelöst ist, allmählich habe ich genug von Problemen und jeden Tag kommen neue hinzu.

*Great Inagua, Leuchturm „SW Point" (Quelle Google)*

Bei Anker aufgehen, macht nun auch die Ankerwinch wieder Probleme, aber hier kann man zur Not auch den Anker manuell rauf holen, dauert zwar länger ist aber nicht lebensnotwendig, wir haben auf unserer „Key of life I" jetzt auch keine elektrische Ankerwinch. Um 1555 gehen wir unter Motor von „Mathew Town" ab, aber kurze Zeit später hat Motor 110° bekommen, da wenig Wind zum Segeln ist, setzen wir etwas nördlich um 1630 wieder den Anker und ich baue Thermostat aus. Um 1650 wieder Anker auf und wir gehen weiter und Motor bleibt nun kalt, also dürfte Problem nur der Thermostat sein. Ich koche Thermostat und er braucht zwar lange, aber öffnet dann als Wasser siedet, werde ihn reinigen und morgen wieder einbauen, wir legen uns um 1720 vor „Devils Point" an den Anker um zu übernachten, wir sind ja etwas geschafft. Leider nicht sehr lange, eher ungemütlich den Schwell steht herein und das ist mit Schlafen eher nicht sehr lustig. Um 1825 nochmals Anker auf und wir gehen fünf Seemeilen weiter in die „man of war bay" wo wir um 1935 nun vor Anker liegen bleiben und hoffentlich ruhige Nacht haben werden. Der „Trog" hat sich zu „tropical system" entwickelt und Wind soll mit Gewittern zunehmen. Im Radio kein vernünftiger Wetterbericht und keine Station auf Kanal 16 rein zu bekommen. Ich habe mir in der Stadt einen Trichter mit Sieb gekauft für Diesel tanken, ein verstopfter Dieselfilter fehlt mir noch.

Dienstag 29. August 2000 Nacht war relativ ruhig, nur um 0400 fängt wieder Schwell an aber fast kein Wind. Nach Frühstück baue ich den Thermostat wieder ein und um 1000 gehen wir Anker auf, da fast kein Wind ist unter Motor und nur gerefftes Groß als Stützsegel gesetzt um den Schwell etwas entgegen zu wirken. Der Thermostat hält jetzt einmal 92° Temperatur, bei 2300 U/min. Wir laufen Kartenkurs von 328° und um 1300 spüre ich leichte Vibrationen auf der Welle, das erste Mal spüre ich es, weil wir total ruhige See haben. Ich gehe auf 2000 U/min zurück wo die Vibrationen fast nicht mehr zu spüren sind. Um 2145 sehen wir das Leuchtfeuer von „Castle Island" klar voraus und um 2300 geht der Thermostat schon wieder auf die 97° zu, obwohl ich nur 2000 U/min habe, wenn es mehr wird muß ich Thermostat wieder ausbauen.

Mittwoch 30. August 2000 Rund um uns sind Gewitter zum sehen, wir sind um 0000 auf 22°04'1" N und 74°20'8" W kein Wind und etwas diesig. Um 0105 stoppe ich Motor und baue den Thermostat aus und verbiege das Ventil etwas das er etwas geöffnet ist, um 0117 starte ich wieder Motor und wir laufen mit genauen Kurs nach Nord weiter, totale Windstille lässt uns keine Chance auch nur eine Seemeile zu segeln und auf 22°31'3" N und 74°23'9" W um 0530 stoppe ich wieder Motor da Temperatur wieder nicht passt und habe einen Bolzen in Thermostat geklemmt um ihn so in einer Position zu halten. Um 0625 starte ich wieder den Motor und ich manövriere gleich auf Sicht in die Ankerbucht vor „Long Cay – Fortune Hill" wo wir Anker setzten. Baue nochmals Thermostat aus und justiere ihn wieder mechanisch und dann füllen wir auch gleich aus drei Kanister 76 Liter Diesel ein, da wir ja nur unter Motor fuhren und nicht segeln konnten.

Wir frühstücken und versuchen etwas zu schlafen, da es ja ganz ruhig ist und ohne Wind können wir nur hoffen, daß vielleicht am Nachmittag doch wieder Wind zum Segeln aufkommt. Wir gehen vor Abfahrt noch etwas schnorcheln und ich tauche eine Conch herauf, und fotografiere unseren Rumpf und Propeller mit meiner Unterwasser Kamera. Da Lichtmaschine nicht voll ladet, mache ich nochmals einen Check und ich finde ein Kabel, das „Jonas" der „Elektriker" irgendwie versteckt oder vergessen hat, oder das wieder lose geworden ist, es ist aber eine Minusleitung, die ich nun an Gehäuse fixiere, und siehe da, Lichtmaschine ladet nun fast 14 Volt rein! Es wird mal Zeit, daß irgendwas nun etwas länger funktioniert und ich nicht alle paar Stunden herum basteln muß.

Um 1510 gehen wir von „Fortune Island" ab und laufen Kurs 325° und um 1542 haben wir Leuchtfeuer von „Long Cay" an STB ca.0,5 Sm Dwars. Um 1630 kommt uns Containerschiff „00CL" entgegen, diesmal habe ich Glück, man versteht mich als ich auf Kanal 16 anrufe und man gibt mir einen genauen Wetterbericht durch, es gibt sogar eine Sturmwarnung, aber die ist für 50° N und 48° W also sehr weit weg von uns, für unsere Area soll SE – S Wind mit 4-5 Bft kommen, was für unsere Richtung ja gut wäre, und die 20 – 25 Kn Wind hatten wir ja schon ein paar Mal. Um 1800 kommt etwas Wind aus NNE auf und ich setze auf Position 22°43'3" N und 74°30'6" W die Genua dazu und wir stoppen Motor und kommen etwas zum Segeln.

Donnerstag 31. August 2000 Um Mitternacht auf Position 23°07'5" N und 74°47'7" W schläft Wind wieder ein und nach 28 Sm unter Segel muß ich wieder Motor starten.

*„Calabash Bay auf Long Island" Bahamas 23°40' N und 75°20'5" W*

Wir versuchen etwas zu Schlafen, da wir in „Highborne Cay" die Tankstelle anlaufen müssen, ich habe wenn es weiter nur mit Motor geht, zu wenig Diesel und wenn wir jetzt weiter unter Motor fahren, denn Wind haben wir keinen, dann sind wir zu schnell und ich kann nicht riskieren dort in der Nacht einzulaufen, also machen wir mal Pause in der „Calabash Bay" auf Long Island.

Um 1445 gehen wir Anker auf und wieder ist Lichtmaschine „tot" obwohl sie bis zum Abstellen super gearbeitet hat! Ich bewege die Kabel und dann fängt Lichtmaschine wieder zum Arbeiten an, könnte eventuell ein thermischer Fehler in den Kontakten sein, dann habe ich wenig Chance den zu finden. Um 1510 setze ich wieder Genua dazu und wir versuchen wieder zum Segeln, nur ist Schwell stärker und Wind eher schwach, also gebe ich nach vier Seemeilen um 1620 wieder auf und starte Motor. Es ist zum verrückt werden, um 1800 ist Motor wieder heiß geworden, kurz gestoppt und Thermostat wieder ausgebaut und mit einem Bolzen offen gehalten und wieder eingebaut und Wasser nachgefüllt und kann um 1830 Motor wieder starten. Daß Spiel mit Thermostat aus- und einbauen geht weiter um 2115 wieder zu heiß und ich legen noch eine „Mutter" bei und um 2130 sind wir wieder auf Kurs 308° und nun haltet der Motor nur mehr eine Temperatur von ca. 60°, daß für einen Diesel zu kalt ist, denn um effizient zu arbeiten, braucht er mindestens 90° aber nun wird er nicht mehr heiß!

Freitag 1. September 2000 Wir sind um Mitternacht auf Position 24°10' N und 76°01' W rundherum sehen wir, „Wetterleuchten" und weiterhin sehr wenig Wind mit nun leichtem Schwell. Um 0745 sind wir auf Position 24°32' N und 76°40' W kurz vor Highborne Cay und wir versuchen wieder etwas zu segeln, aber gerade ESW Wind mit 3 Bft und wir machen wenig Fahrt, gerade fünf Seemeilen bis Highborne Cay wo wir die Ansteuerungsmarker schon sehen können und wir legen um 1038 an der Tankstelle an. Es ist sehr wenig los und wir werden sogar mit einem Golfcar zum „Supermarkt" geführt, wo wir wieder Proviant bunkern können und wir kommen wieder einmal zu Kottelets. Wir können auch unseren „Müll" entsorgen, kostet aber für kleinen Sack 3.- US$ und für größeren Müllsack sogar 5.- US$. Da der Müll nur hier verbrannt wird, nicht gerade eine umweltfreundliche Entsorgung. Wir tanken mit 28, 5 Gallon (109 Liter) wieder voll und noch in Kanister 21,5 Gallon (82 Liter) sollten wir wieder keinen Wind zum Segeln bekommen, dürfte der Diesel reichen um ohne Probleme Florida zu erreichen, möchte nicht unbedingt nochmals irgendwo einen Tankstop machen müssen.

*Müllentsorgung sehr teuer in Marina „Highborne Cay"*

Wir vertreten uns etwas die Füße und sehen eine „Busstation" wo sie ein Skelett hingesetzt haben, leicht möglich da hier sicher kein Bus fährt. Am Ende der Mole ist der Platz wo sie die Fische putzen, dadurch werden natürlich auch Haie angelockt, und von diesen sind an die fünf Stück an diesem Platz im Wasser. Es sind allerdings nur „Nurse Sharks"[28] aber es ist trotzdem ein ungutes Gefühl dabei, wenn man gerade hier Schwimmen gehen wollte. Um 1155 legen wir ab und manövrieren unter Motor die knapp zwei Seemeilen entfernte Bucht von „Allans Cay" an um dort den Anker zu setzen und übernachten da kein Wind ist.

---

[28] Nurse Shark : Ammenhaie, die angeblich nur für Menschen gefährlich werden wenn man sie provoziert.

*Da hier kein Bus fährt, noch je gefahren ist, kann man es sicher als „lustig" betrachten, jedenfalls ist man hier in der Hurrikan Saison sehr einsam.*

Ich nehme in Allans Cay nochmals der Thermostat raus und gebe eine kleinere flache Beilagscheibe dazwischen um etwas mehr Temperatur zu bekommen. Gabriela kocht und ein gutes Abendessen und wir genießen ein Glas Rotwein und sind sehr verwundert, als in dieser relativ kleinen Bucht, mit großen Lärm ein Wasserflugzeug landet, und verkehrt am Strand anlegt, einen Anker am Strand ausbringt, und dann ein paar Touristen aussteigen um die letzten dort noch wild lebenden Iguanas[29] zu füttern. Die Iguanas sind schon so an die Touristen gewöhnt, daß die Ersten sogar schon aus dem Gebüsch an den Strand kommen, als sogar noch der Motor vom Flugzeug gelaufen ist!

---

[29] IGUANAS, eine Echsenart wie sie sonst nur mehr auf den Galapagos Insel vorhanden sind.

*Vorige Seite, Foto oben: Tankstelle von „Highborne Cay" wo am Ende der Fischputzplatz ist, und rundherum als wir ins Wasser sahen, sich fünf „Nurse Sharks" tummelten. Foto unten.*

*„Iguanas" auf Allans Cay, sie sind schon so degeneriert, daß sie lieber das „Gummibrot" weiches weißes Toastbrot aus dem „Micky Maus" Land fressen, als einen Apfel oder Karotten!!!*

Samstag 2. September 2000 Wenn jetzt jemand glaubt ich mache nur so viele Stopps um Zeit zu schinden, sicher nicht, denn wir haben heute bereits den 40 (vierzigsten) Bordtag, also unsere veranschlagte Zeit für den Übersteller bereits aufs vierfache ausgedehnt! Was sicher noch viele Probleme geben wird, dafür auch unser Geld zu bekommen, wie dann im Nachwort stehen wird. Nein, aber ich bin nicht feige, aber dafür vorsichtig und vor allem habe ich keinerlei Erfahrung mit der „Bahama Bank" ich habe nur viel darüber gelesen und von Skippern sagen lassen, die damit schon Erfahrung gesammelt haben, gute Ratschläge eingeholt.

*Der Strand auf „Allans Cay" wo das Wasserflugzeug anlegte und die degenerierten „Iguanas" schon nach der „Uhr" auf die Touristenboote und Wasserflugzeug mit den Touristen warteten.*

Die Überquerung der „großen Bahamabank" die uns nun bevor stand, war für mich das erste Mal und sie kann sehr trickreich werden. Die Bahama Bank hat auf die ca. 60 Seemeilen Breite wo wir überqueren wollen eine Tiefe zwischen zwei und sechs Meter und die Tide kann einem da viel Problem machen, denn sie ist nicht zu berechnen. Die Gezeiten spielen hier mit den diversen Strömungen in alle Richtungen verrückt. Der Grund rund um die viele Quadratkilometer großen, aber „flachen" Bahama Bank, ist im Osten der „Exuma sound" mit Tiefen um die 1600 Meter, und im Westen die „Tongue of the ocean"[30] bis zu 2000 Meter tief! Die Gezeiten laufen somit in alle Richtungen, wie von einem unter Wasser liegenden „Tafelberg" in alle Richtungen ab und halten sich an keine

---

[30] Tongue of the ocean: Zunge des Ozeans mit Tiefen bis 2000 Meter

Tabellen oder „Spielregeln". Aber das gefährlichste in den Bahamas sind die „Korallenköpfe" die überall auftreten können und jedes Jahr neue hinzu kommen, obwohl viele in den Karten eingezeichnet sind, weiß man nie wo ein neuer „Korallenkopf" gewachsen ist und das Hauptproblem ist, manche der Korallenköpfe gehen bis knapp unter die Wasseroberfläche, also für ein Boot „tödlich" dort aufzulaufen, sie sind fast so hart wie Beton.

In den Bahamas gilt ein Grundsatz:

*„If you don't see, don't move"*[31]

Der Hauptgrund warum ich erst am Morgen fahre ist ganz einfach zu erklären, man soll auf jeden Fall die Sonne im Rücken haben wenn man die Korallenköpfe sehen will, wenn man sie überhaupt sehen kann. Gegen die Sonne ist die Spiegelung am Wasser so stark, das man sicher keinen Korallenkopf ausmachen kann. Das Wasser ist sehr klar, mit sieht den Schatten des Bootes am weißen Sandgrund der Bahama Bank und wenn man einen Korallenkopf gesichtet hat, dann erkennt man ihn an den dunklen Kopf, mit einem noch weißeren Ring als der Sand ist, rundherum und er schaut aus wie ein großes „Donat".

Um 0825 gehen wir ab in Richtung „große Bahama Bank" und ich lege mal einen Kartenkurs mit 263° an und da kein Wind ist, wieder mit Motor. Wir haben zwar die Sonne im Rücken und eine super Sicht mit fast keinen Wellen, nur obwohl ich am Bug stehe um nach Korallenköpfe Ausschau zu halten, bin ich etwas am verzweifeln, denn es gibt viel kleine Wolken am Himmel und jeder Wolkenschatten schaut aus wie ein dunkler Fleck und könnte ein Korallenkopf sein, ich muß zugeben, wenn da wirklich einer wäre, ich könnte es nicht unterscheiden! Ursprünglich wollte ich die Route etwas nördlich über die „Yellow Bank" nehmen, nur die ist wie ein Minenfeld mit viele Korallenköpfen gespickt, was mich nicht begeistert, denn ich bezweifle sie wirklich sehen zu können.

Ich entscheide mich für einen Kurs zwischen „Yellow Bank" und „White Bank" anzulegen, wo die wenigsten Korallenköpfe sind und es überall tief genug ist und auf Position 24°43' N und 77°10' W setzen wir die Genua dazu da wenigstens etwas Wind aufkommt und wir mit Motorunterstützung noch bessere Fahrt machen und laufen nun 285° Kartenkurs. Gerade als ich um 1345 einen Kartenkurs von 320° anlegen will, glaube ich meinen Augen nicht zu trauen, ich sichte auf einer Peilung

---

[31] „Wenn du nicht siehst, dann fahre nicht"

von ca. 325° an STB voraus eine „Wasserhose"[32] die aber zum Glück in Richtung Osten, also nicht auf uns zu kommt, nur kommen Böen auf und zur Sicherheit, nehme ich mal die Genua wieder weg, falls es sich die Wasserhose nicht doch anders überlegt. Nachdem ich mich nach dem Segelmanöver umdrehe um nach der „Wasserhose" zu sehen, die zum Glück kleiner geworden ist und schon weiter weg von uns, sehe ich ein „Caribe Schlauchboot" wo jemand eine orange Schwimmweste hin und her schwenkt, es schaut aus als ob sie in Not geraten sind. Sie scheinen zu treiben und mit dem Fernglas kann ich erkennen, daß jemand mit einem kleinen Kanister Benzin einfüllt, der ihnen anscheinend zu Neige ging.

Wir sind ca. 20 Seemeilen von „New Providence Island" entfernt, wo auch die Stadt Nassau liegt, wohin sie wahrscheinlich hin wollen, denn in die Richtung weiter nach Westen würden sie auf die „Tongue of the ocean" kommen und dort hätten sie mit dem Schlauchboot schlechte Karten und das nächste Ziel wäre dann Kuba! Sie dürften Motor wieder gestartet haben und kommen nun auf uns zu, ich bin mir nicht sicher was ich davon halten soll, es gibt immer noch „Piraterie" in der Karibik und es werden gar nicht so selten, Yachten überfallen. Nur hier an Bord habe ich gerade eine Machete und keine Schrotflinte wie auf unserer „Key of life I" also nicht viel zum Verteidigen.

Als sie näher kommen, sehe ich einen älteren Mann, einen jüngeren und ein Kind, und sie schauen eher nicht aus ob sie jemanden überfallen wollen, sondern eher erschöpft und „fertig" und ich drehe bei damit sie längsseits kommen können. Sie erklären uns, sie haben fast kein Benzin mehr und der Kompass funktioniert nicht mehr, deshalb sind sie hier gelandet. Sie waren auf der „Yellow Bank" auf Lobster[33] fang und wollten zurück nach Nassau und so wie es aussieht sind sie statt nach Nord die ganze Zeit nach West gefahren, obwohl ich dafür keinen Kompass gebraucht hätte, denn nach Norden zu fahren ist sicher nicht der Sonne entgegen sondern sie eher an BB zu lassen. Egal, wir nehmen sie an Bord und es gibt auch gleich Cafe, da Gabriela einen Gugelhupf gebacken hat, denn sie nicht verschmähen und froh sind, das sie bei uns an Bord sind.

---

[32] WASSERHOSE In tropischen Gebieten auch TROMBE genannt. Hat normalerweise nur wenig Durchmesser, maximal ca. 200 m doch kann sie erhebliche Zerstörung verursachen. Windgeschwindigkeiten bis zu 500 km/h.
[33] Lobster, Hummer, obwohl es eigentlich hier in der Karibik keine Hummer gibt sondern nur Langusten.

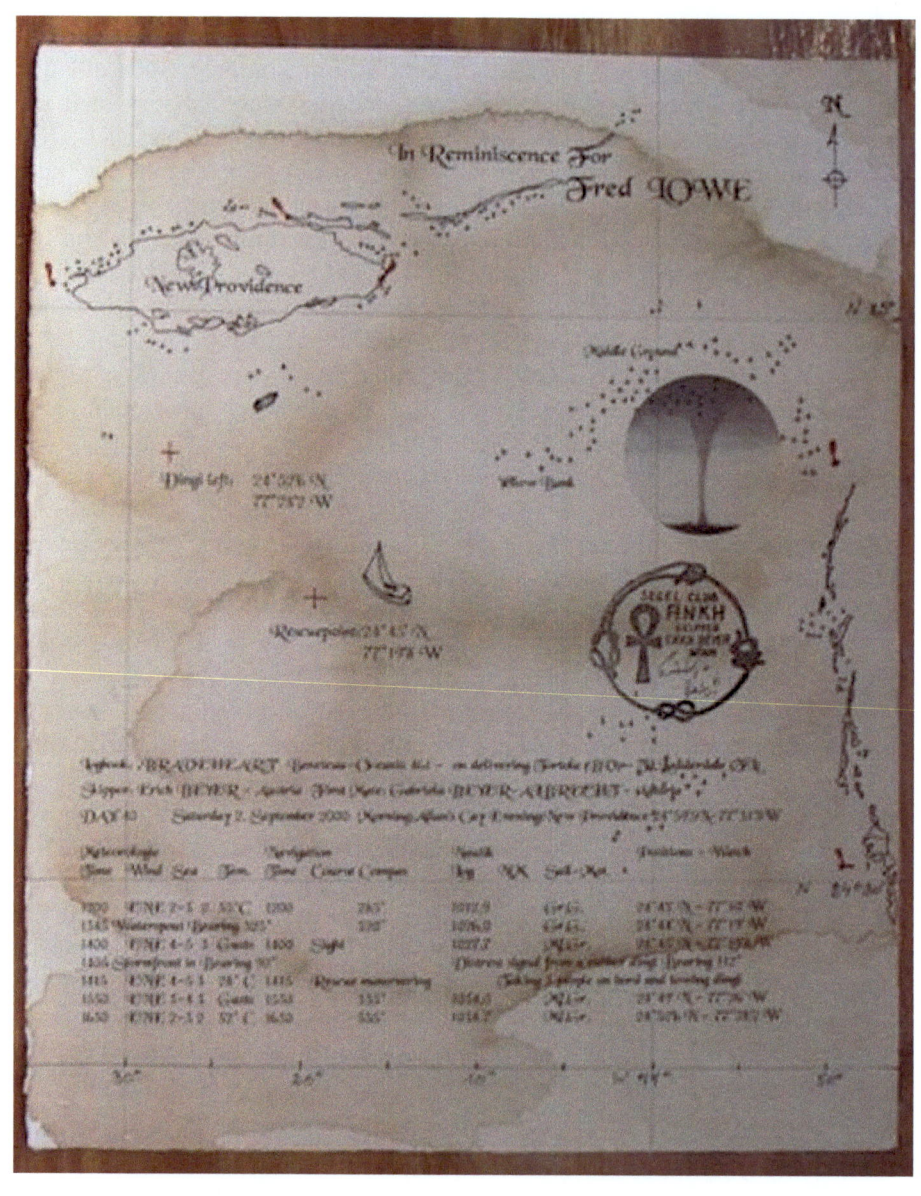

*Zur Erinnerung haben wir Fred und Shawn dann diese Seekarte von Rettungsaktion gemacht, die er sich eingerahmt hat.*

Wir nehmen um 1415 auf Position 24°45'2" N und 77°20' W das Schlauchboot in schlepp, nur nicht lange, denn „Shawn" wie wir nun wissen, ein Neffe von „Fred" hat es nicht ordentlich angehängt und sein Knoten ging auf, somit nochmals kurzes Manöver um es wieder einzufangen, diesmal hänge ich es selber an die „Klampe"[34] um es nicht nochmals zu verlieren. Der „Junge" ist der Sohn von Fred „Owen" und sie geben uns ihre Telefonnummer und laden uns zum Essen ein, wenn wir mal nach Nassau kommen. (Was wir 2003 auch machten und wir zu guten Freunden wurden, wie es in meinem 1. Teil von „Unter dem Key of life" ausführlich beschrieben steht) Es könnte sein, das wir hier drei Menschen das Leben gerettet haben, aber auf jeden Fall viel Probleme und leid erspart haben, daß sie auch nie vergessen haben und wir nun auch nach 20 Jahren einen guten Email Kontakt haben, was ich von vielen „Freunden" in Österreich nicht behaupten kann.

Ich lege Kurs etwas nördlich an um näher an „New Providence" zu kommen und 1630 lassen wir sie auf 24°52'6" N und 77°28'2" W mit ihrem Schlauchboot wieder in Richtung Küste fahren und ich kann sie mit Fernglas beobachten ob sie auch sicher an Land kommen. Wir gehen noch ein Stück weiter und legen uns mal in der SW Bucht vor Anker und machen uns ein gutes Abendessen, denn unsere „Schiffbrüchigen" haben uns zwei „Lobster" da gelassen, die wir uns im Backrohr zubereiten und die super geschmeckt haben. Wir haben noch Zeit und ich versuche etwas Schlaf zu finden, was nicht ganz gelingt. Wir gehen ja jetzt über die „Tongue oft he ocean" mit 2500 Meter Tiefe, bevor wir wieder auf die „große Bahama Bank" laufen wo wir beim „north west channel" einlaufen wollen und das ist bei Nacht sicher nicht zu empfehlen ist, denn ob die Ansteuerungsfeuer wirklich funktionieren ist hier wieder sehr fraglich, also möchte ich dort bei Morgengrauen eintreffen um sicher zu gehen.

Wir legen um 2050 ab und um 2200 haben wir bereits „Goulding Cay" auf einer Peilung von 80° und wir fahren genau auf der „Kante" von Bahama Bank und Tongue of the ocean, wie an Strömung zu spüren ist.

---

[34] KLAMPE, Fest geschraubter oder verbolzter Beschlag zum Belegen von Tauwerk aus unterschiedlichem Material (Metall, Kunststoff, Holz) unterschiedlicher Form und vielfältiger Konstruktion. Eine K. ist immer für waagerechten Zug ausgelegt und kann wahlweise an Deck, am Mast, an anderen Plätzen und in anderen Ebenen montiert werden mit der einzigen Bedingung, daß die Laufrichtung des Seiles in der gleichen Ebene wie die K. liegt.

*Skipper Erich ist schon etwas geschlaucht!*

Der Wind bleibt uns mal treu und wir segeln in Richtung NW Kanal wo wir wieder in die große Bahama Bank einfahren wollen. Wir sind sogar mit wenig Wind aus NE mit 3-4 Bft zu schnell und ich reffe die Genua um nicht zu viel Fahrt zu machen und um Mitternacht sind wir auf 25°08' N und 77°44' W und laufen auf Kurs 319° und guter Sicht durch die Nacht und haben wieder mal wenigstens 15 Seemeilen unter Segel geschafft.

Sonntag 3. September 2000 Um 0600 ist es aber dann wieder sehr freudlos, der Schwell schaukelt und hin und her, der Wind ist fast total eingeschlafen und auf Position 25°24'7" N und 78°04' W, nach nochmals 28 Seemeilen unter Segel, muß ich wieder den Motor starten. Wir sehen sogar schon das Leuchtfeuer vom „Northwest Channel" und wir lassen es um 0705 an BB Dwars und laufen in die große Bahama Bank ein und haben bis jetzt mal 1097 Seemeilen zurück gelegt und den Rest werden wir hoffentlich mit weniger Problemen noch schaffen.

Ich legen einen Kartenkurs über das „Northwest shoal" von 297° an und will die Route gehen, die auch die Berufsschifffahrt fährt, etwas nördlich von der „Mackie bank" vorbei. Wir haben fast keinen Wind und der Schwell ist sehr schwach, was aber auf der Bahama Bank auch ganz anders sein kann. Um 1158 haben wir das Leuchtfeuer von der „Mackie Bank" zwei kbl[35] an Steuerbord und der Wind wird immer weniger aber einstweilen hält Motortemperatur gut, auch Lichtmaschine arbeitet noch, und ich stelle fest, der Kühlschrank hört, wenn ich den Motor 2300 U/min drehe, zum Arbeiten auf, bei 2000 U/min fängt er wieder an, vielleicht noch immer zu viel Gas in der Leitung.

Um 1633 laufen wir genau 270° und sind auf Position 25°48'3" N und 79°10'8" W und wir können schon voraus den Leuchtturm „North Rock" ausmachen, der etwas nördlich von Bimini liegt und um 1712 haben wir ihn an BB Dwars und wir verlassen die große Bahama Bank und laufen in den Golf Strom ein, der eine Strömung nach Nord hat, und die kann manchmal bis zu 4 kn betragen, was einen veranlasst dagegen den Kurs anzulegen um nicht zu weit nach Norden versetzt zu werden.

Um 1842 auf 25°50'3" N und 79°24'8" W spüre ich auf einmal sehr starke Vibrationen auf der Welle und wir verlieren sofort an Fahrt, als ich den Gang rausnehme um die Welle zu stoppen, sehe ich am GPS daß wir schon nahe am Golfstrom sind, wir werden sofort in Richtung Norden abgetrieben, da kein Wind ist könnten wir auch nicht mit Segel entgegen halten. Nun da sich im Golfstrom, der auch als Seestraße gilt, jeden Menge Boote bewegen, auch die ganze Berufsschifffahrt, die natürlich jede Menge an Abfall (Lebensmittelreste) über Bord werfen, ziehen da mit dem Golfstrom auch jede Menge Haie mit, was mich für meinen bevor stehenden Tauchgang nicht sehr begeistert, nur bleibt mir nichts übrig, denn so können wir auf keinen Fall weiterfahren.

Ich tauche mit Tauchermaske und Schnorchel ausgerüstet unter die „Braveheart" und wie ich schon vermutet habe, wir haben alte Muringleine mit Plastikflasche von einer „Lobster trap"[36] in die Schraube bekommen, die sie hier ja zu hunderten auslegen.

---

[35] kbl = Kabellänge, der zehnte Teil einer Seemeile, 185 Meter
[36] Lobster trap, Hummer Fallen, Körbe die sie auf den Grund aussetzen und mit einer Leine und einer Plastikflasche als Boje markieren.

*Leuchtturm „Great Issac" auf der NW Seite der „Great Bahama bank"*

Ich kann die Flasche mit Leine etwas spannen und bin weit genug vom Propeller weg und Gabriela kann den retour Gang einlegen und mit langsamer Umdrehung kann ich das Seil von der Welle abwickeln und entfernen. Schaffe dieses Manöver in 10 Minuten und um 1842 sind wir wieder auf Kurs. Daß uns der Golfstrom etwas nach Nord versetzt hat, macht uns nicht viel aus, erstens hätten wir mit Motor genug Kraft um dagegen zu halten, müssten wir Miami anlaufen, daß ja genau westlich wäre, aber da wir nach Ft. Lauderdale müssen, somit durch „Port Everglades" gehen der weiter nördlich liegt, haben wir mit Kurs 295° kein Problem. Die Welle ist wieder frei und keine Vibrationen mehr.

Montag 4. September 2000 Wir haben nun den 42. Bordtag und haben um 0000 auf Position 26°04'4" N und 80°02'2" W nun genau 1201 Seemeilen zurück gelegt und sehen trotz des hellen Hintergrunds von „Port Everglades" die Hafeneinfahrt klar voraus.

Um 0025 passieren wir die Hafeneinfahrt von „Port Everglades" und um 0045 bergen wir im „turning basin" das Groß und fahren den ICW[37] in Richtung Nord. Wir gehen auf die nun geschlossene „SE 17th Street bridge" zu und nachdem ich mich vorsichtig nähere, um die Höhe von unserem Mast abzuschätzen, denn in den Papieren der „Braveheart" stand weder die „HüW"[38] noch „HüD"[39] und ich weiß somit nicht ob unser Mast nicht höher ist, die Brücke hat lichte Höhe von 54 Fuß und nachdem ich nicht weiß wie hoch unser Mast ist, gehe ich lieber wieder zurück und rufe auf Kanal 9 den Brückenwärter und „request an opening".

*Im ICW reißt der Keilriemen, kann dann in der Marina „Bahia Mar" einen Notkeilriemen den ich an Bord habe, anbringen, nur springt er sofort wieder ab, da die Lichtmaschine blockiert!!!*

---

[37] ICW Intra Coastal Waterway
[38] HüW = Höhe über Wasserlinie
[39] HüD = Höhe über Deck

Nicht mal 100 m vor der Marina „Bahia mar" reißt der Keilriemen, ich kann aber bevor Motor wieder heiß wird, an einem Außensteg in der Marina „Bahia mar" anlegen, natürlich ist keiner da und man sieht wieder wie gut die diversen Marina bewacht sind. Um 0135 liegen wir fest in der Marina nach nun genau 1208 Seemeilen von Tortola bis Florida.

Ich rufe die „Coast guard"[40] und bekomme die Telefon Nummer von den Customs „1 800 432 1216" wo ich dann viermal anrufe, aber außer einem Tonband niemand erreichen, der Zoll dürfte in der Nacht nicht arbeiten. Lasse für Bob Ross noch eine Nachricht auf Anrufbeantworter und wir legen uns nach einen kurzen „Manöverschluck" in die Koje.

*Wir liegen in der Marina „Bahia mar" nun auf Liegeplatz 243 B fest und machen eine gründliche Reinigung.*

---

[40] Coast Guard: Küstenwache

Wir fahren zu Zoll, aber heute Feiertag somit keine Zollabfertigung möglich, somit morgens nochmal zu den Customs fahren. Um 1345 gebe ich den Notkeilriemen rauf aber nachdem die Lichtmaschine ladet springt Keilriemen sofort ab, ich teste nochmals und nehme die Ladung weg und Keilriemen hält, also Lichtmaschine wieder kaputt, wenn sie ladet blockiert sie sofort, ein Wunder, daß wir damit bis kurz vor die Marina gekommen sind. Um 1435 legen wir uns nun auf den vorgesehen Liegeplatz 243 B um wo wir um 1315 fest machen. Rufe alle Freunde in Österreich an um Bescheid zu sagen und spreche Geir und Lucky auf den Anrufbeantworter und noch Carol Anne informiert, daß wir in Kürze unser Boot holen werden.

Dienstag 5. September 2000 Ich finde um 0830 eine Visitenkarte von Bob im Cockpit stecken, somit rufe ich ihn an, warum er nicht angeklopft hat. Wir nehmen uns von „Able Car" ein Leihauto und fahren zu Customs und Immigrations, es gibt aber keine „Sticker" für die „Braveheart" die man für die Anmeldung in den USA braucht, die werden jetzt per Post zugesendet, was mir egal sein kann. Telefoniere mit Bob und Wade und um 1500 mit Mann von Mooring wegen raus heben gesprochen. Wir legen unser Dingi zusammen und verstauen es im Sack und wir fahren auf unsere „Key of life I" und Gabriela macht die Wäsche und ich reinige Boot und versuche später von Lucky ins Internet zu kommen, da ich die Rechnung für Wade absenden will, aber mein Email funktioniert nicht.

Da Bob Ross von *Mooring Charter* meint unser Preis wäre zu hoch und der Eigner nicht zahlen will, schlafen wir noch auf der *„Braveheart"* in der *Bahia Mar Marina,* vor allem hat dann auch Carol Anne keine Probleme mit dem Nachbar der sie sofort anzeigen würde wenn wir an Bord schlafen.

# 5.Kapitel:
# *Kampf um Lohn!*

Mittwoch 6. September 2000 Um 0830 kommt der Elektriker und baut die Lichtmaschine aus um sie zu checken, und ich spreche später mit Surveyor und sie haben „Braveheart" heraus gehoben und kontrolliert und der Rumpf ist in Ordnung, nur das Ruderlager muß getauscht werden.

Donnerstag 7. September 2000 Wir sind bei *Moorings* und telefonieren in einer offenen Konferenzschaltung mit dem Eigner von *„Braveheart"* Doug Wade und Bob Ross der Manager von *Moorings* kann zuhören. Ich habe an Doug bereits ein Fax gesendet und es im Nachwort als Brief reingestellt damit die Sache etwas erklärt wird. Bob Ross ist es gar nicht recht, daß ich meine Meinung über den Sachverständigen Geoffrey Williams so offen dem Eigner am Telefon sage, da er ja von *Mooring* gestellt wurde. Und nach meinem Bericht an Doug ist es offensichtlich, daß hier ein Betrug vor sich ging, und das war für *Mooring* alles andere als ein Renommee.

Mir war natürlich absolut klar, daß ich von *Mooring* sicher nie wieder einen Übersteller fahren durfte, aber andererseits bezahlt mich ja der Eigner und der hat ein Recht darauf die Wahrheit über die Gepflogenheiten von *Mooring* und ihren Sachverständiger zu erfahren. Immer wieder versuchte mich Bob Ross am Telefon zurück zu halten damit ich nicht weiter aus der „Schule" plaudere, was ihm aber nicht viel nützte. Die Probleme die wir unterwegs hatten, kosteten mich wieder jede Menge graue Haare und noch dazu ging die langjährige Freundschaft mit Geir dabei auch zu Bruch, da er natürlich eher im Interesse von *Mooring* dachte als an die Wahrheit, da er uns ja an Bob Ross vermittelt hatte.

Doug Wade der Eigner machte mir noch ein Angebot mit 5000.- $, das ich aber ablehnte und ihm erklärte, daß ich ihm keineswegs böse bin und auch seine Seite verstehe, aber er soll so fair sein und auch mich verstehen, ich fahre nicht zum Spaß einen Überstellungstörn. Ich sagte ihm noch, daß es kein Problem ist und ich das Boot beschlagnahmen lasse und wir werden die Sache bei Gericht klären. Da aber die *„Braveheart"* eigentlich schon verkauft war, wer immer der arme nächste Eigner sein würde, und eigentlich schon auf einem Lastwagen unterwegs nach

Kalifornien sein sollte, wäre eine weitere, und wahrscheinlich sehr lange Verzögerung, die weder Doug Wade noch Bob Ross recht war.

Nach einem Telefongespräch von fast einer Stunde, erklärte sich Doug bereit meine geforderten 8705.- US$ zu zahlen und er will mir einen Barscheck zukommen lassen. Er verlangte aber von mir einen genauen Bericht, den er mit einer korrekten Abrechnung natürlich auch bekam, wie auch im Anhang im „Bootslog" nachzulesen ist. Mit diesem Bericht über den Sachverständigen und dem *Mooring* Stützpunkt in *Tortola* konnte der Eigner aber dann bei *Mooring* über einen Anwalt reklamieren und bekam von *Mooring* den größten Teil seines Geldes wieder retour, ich war aber aus der „Skipperliste" von *Mooring* für alle Zeiten gestrichen. Montags soll der Barscheck hier sein, ich kann dann von Lucky endlich ins Internet und 32 Emails runter laden und ein Sammelemail an Bob, Doug und Geir senden. Wir bleiben noch an Bord, um sicher zu sein auch unser Geld zu bekommen.

Freitag 8. September 2000 Nun bereits 46 Tage an Bord, wir fahren wieder zu Flughafen wegen Dingi, aber keine Chance das sie uns den Schaden ersetzen, wir sollen Dienstag wieder anrufen.

Samstag 9. September 2000 Ich schreibe an Bericht für „Braveheart" als Logbuch in Englisch für Doug weiter.

Sonntag 10. September 2000 Das Logbuch in Englisch für die „Braveheart" habe ich nun fertig und mit Carol Anne korrigieren wir es und ich sende es per Email an Carol Anne, Lucky, Geir, Bob und Doug ab.

Montag 11. September 2000 Nun der 49. und letze Bordtag, nach all den Schwierigkeiten mit *"Braveheart"* bekommen wir am heute endlich unseren Barscheck und wollen ihn natürlich auch gleich einlösen und fahren zur einer Filiale von der *Sun Trust Bank* auf der US1. Es ist natürlich total unüblich, daß jemand über 8700.- Dollar Bar abheben will und somit fangen die Probleme an. Zum jetzigen Kurs von fast 16.- Schilling immerhin noch gute 139.000.- ATS, eine Menge Geld für uns und ein relativ guter Lohn für 43 Tage Arbeit für zwei Personen.

Der Reisepaß alleine genügt nicht und ich brauche auch noch den Führerschein, dann wollen sie meinen Reisepaß nicht akzeptieren da kein Einreisestempel drinnen ist, (da es mein zweiter Reisepaß ist). Dann wollte man nur zahlen, wenn ich bei ihnen ein Konto eröffne! Nachdem ich eine lautere Auseinandersetzung mit dem Manager hatte, bequemte sich dieser Doug Wade anzurufen, der den Scheck ausgestellt hatte, ob ich auch wirklich der "Erich Beyer" bin, dessen Name auf dem Scheck steht, weil wahrscheinlich unzählig viele österreichische Erich Beyer hier herumlaufen und täglich Schecks mit dieser Summe einlösen wollen, und nach fast einer Stunde Argumente bekommen wir endlich unser Geld! Natürlich ohne daß ich meinen anderen Reisepaß mit dem Einreisestempel geholt habe, geschweige denn ein Konto eröffnet, sie bleiben die "Dümmsten" die Amis!

# *Nachwort*

Ich hoffe, daß ich manchen Lesern und „Möchtegern" Skipper, damit zeigen konnte, das ein Überstellungstörn viele Probleme mit sich bringen kann, und nicht immer ein Vergnügen ist, was der Grund ist, das man dafür auch bezahlt bekommen sollte, natürlich nur wenn man die nötigen Kenntnisse und Erfahrung mitbringt, aber sicher sollte ein Skipper dafür nicht bezahlen, nur um Seemeilen zu sammeln!

Da ich mir keinen Lektor leisten kann und somit die „AK"[41] selber machen muß, auch wenn mir meine Frau Gabriela dabei etwas geholfen hat, werden, wie ich schon von meinen nun fünf Büchern die ich vorher aufgelegt habe (Hinweis am Ende des Buches mit ISBN), auch nach mehrmaligen lesen, noch immer Rechtschreibfehler im Text sein, die mir persönlich aber „wurscht" sind, denn ich finde es wichtiger, das ich es geschrieben habe, und ich bin kein Schriftsteller noch Deutsch Professor und trotz der Rechtschreibprüfung vom „Word" bleiben immer welche übrig, ich bitte mir das zu verzeihen. Auch die Qualität von den Fotos wird zum wünschen übrig lassen, nur zu dieser Zeit hatten die Fotos vom meiner Canon Digital Kamera pro Foto knapp 100 kb, heutzutage, zwanzig Jahre später, macht meine Digital Kamera auf Standard eingestellt, Foto mit fast vier MB! Aber ich denke, daß ein paar Fotos, den manchmal „trockenen" Text doch auflockern, und manchmal gilt das Sprichwort immer noch:

## *„Ein Bild sagt mehr als tausend Worte"*

Da ich ja hier wie in allen meinen Büchern keine Fiktion sondern nur die Wahrheit und Fakten berichte, hänge ich noch das Englische Logbuch und Brief an den Eigner an:

---

[41] AK : Autorenkorrektur

Logbuch „S.Y. Braveheart" in Englisch:

## *BOAT´S LOG BOOK   "BRAVEHAERT"*

Tuesday 25. July 2000
Boat not ready and people still working on the boat, we must sleep on another boat, because of the smell from paint in "Braveheart" (fresh paint, varnish, resin, etc.)

Wednesday 26. July 2000

I take photos and give the list with the 19. Points to Felicita (you already got the list from me). Bulkheads get the first coat varnish and the water tank in the front cabin is leaking on the right side.

Thursday 27. July 2000

Fridge don´t work properly and they start to fill it with gas, but they fill too much in, we found out later! Bulkhead gets a second coat varnish. In the afternoon I clear customs and get fuel and take 20 gallon diesel in jugs extra with me. We leave Road Harbour at 1600 and go 2 SM with engine and I find out, log is not working and the prop stir more up then give power to move, because of barnacles. I don´t go back to the marina because I don´t want clear customs again. We sail down to Soopers Hole and tie on a mooring ball at 1800. I go diving to clean of the prop and log from barnacles.

Friday 28. July 2000

We sail direction west with wind NE 4-5 and sea 5 and strong swell. Thundering behind us. The hot water boiler is leaking and water comes out between insulation and cover.

Saturday 29. July 2000

We get through strong thundering and gusts and heavy rain and find out, nearly all hatches leaking and the beds going to be wet. Again fridge don´t work properly and the alternator also don´t charge much. We get strong swell and gusts around 7 BFT with sea 5-6 and at that time the rudder bearing starts to make funny noises.

Sunday 30. July 2000

In the night the rudder bearing becomes very loud and starts to block. The helm cannot be turned in this moment. At that time big sea push us from behind. I go down to the quadrant to find out from where the noise comes. The noise comes from the bearing in the cockpit and you can see the movement with the eyes, it is nearly 1/4 from an inch. Autopilot shuts shortly off and gives alarm sound without reason but works again a little bit later. In the morning the pipe from the hot water boiler breaks and we lose a lot from our freshwater and the salon is wet everywhere. I connect the pipes together and we get water pressure again, but the water boiler is disconnected. The rudder bearing sound is terrible and 1430 I decide to go in to Samana (Dominican Repuplik). I must go against the wind and I used the engine. I see that the control lamp from the alternator stays on. At the entrance to the bay of Samana the autopilot makes only sounds and shows "error" and the display blinks and stop to working. After I stop the engine the light from the alternator is still on, also when the ignition is off. In the moment you switch the instruments light on, the alarm sound goes on, but not loud! I open the instrument board and see inside that somebody fooled around on the wiring with insulation tape and it isn´t original anymore.

Monday 31. July 2000

Watertaxi (Chico) bring me on land to clear customs, it takes more than 3 hours. After than I call, Geir, Bob, Clarence and buy some tools to take the alternator out and let it bring to an electrician to repair. (One wire was already wrong connected) A lot of problems on the telephone with Clarence, neither he are able to understand the international English radio alphabet, nor spell the name in that way. Late in the afternoon I get the alternator back and put it in again. But something in the alternator is wrong connected and it starts to spark. By the test the starter don´t start the first time, (magnetic switch??) and the alternator is not working at all. I take alternator out again and Chico brings it again to repair. I see that Autohelm control unit has some water in the display!! Maybe the reason it stopped working.

Tuesday 1. August 2000

In the morning Chico brings the alternator and I put it in again, of course it don´t work at all, so I take it out again and Chico brings it again to the electrician. In the afternoon two electrician come (father and son) with the "repaired" alternator and we put it in again, again it doesn't work, but the electrician find out that he made some mistake and again he takes the alternator with him to repair!!! Later on they come again and we put alternator back, but it doesn't work at all and he explains that there is no way that he can repair our alternator and he must buy another one. He will get a second hand alternator, which has a complete service with warranty. (I am sure that he had destroyed our alternator, because they are stupid idiots!!) He will go tomorrow to Engano with the bus to buy an alternator, but I must pay him before because he has no money to buy the alternator.

Telephone line is today out of order and I can't call anybody. I glue the pipe from the hot water boiler with PVC glue and it holds the pressure again. Starter makes problems again and I'm not sure if it's in the wiring or the magnetic switch.

Wednesday 2. August 2000

At 1200 Chico comes and tells me, that the electrician couldn't find an alternator in Engano which fits in our engine and he is going now to St. Frances to try to find a right one there. At 1530 the electrician comes with an alternator which fits in our motor, he has only to change the pulley. We put it in and it really works and charges well, but the fridge doesn't. All our food is tainted included the whole milk was going sour and I can throw it away. The rest in the fridge taste from the resin very strong!! Again the starter needs 4-5 times before he starts but I'm afraid to give it to the stupid electrician and I try to clean the contacts and the magnetic switch.

Thursday 3. August 2000

Starter still makes problems and the fridge doesn't work. I call Bob and Tortola, but no chance to get Clarence or his assistant or to get the number from the parcel from Federal express.

Friday 4. August 2000

Call Bob and Federal express and to get the parcel the only chance I have is, if I drive to St.Domingo to get the parcel out from the customs. Normally they need to release it minimum 4 days. I decide to rent a car and we drive to St. Domingo. The trip is horrible, a lot of heavy rain, only one wiper and the fan don't work in the car and the screen is foggy all the time. FedEx is closed but they let us in. Anyway, at this time they don't find the documents from the parcel. So, we have to come again on the next morning.

Saturday 5. August 2000

Early in the morning we get the documents for the parcel and we go to the airport. Nobody speaks English or want to and we hire some guys to do the work with the customs to get our parcel, because the customs close at 1230. At the first time they want 1500.- US $ duty to give the parcel free. After a lot of arguments I get them down but I must bribe the people to get the parcel. In the end it cost 400.-$ to get the parcel free from the bastards and it was really 5 minutes before they closed. After all the problems it is the first time, we can have a look in the parcel. Now we see that the two parts are wrong!! The rudder bearing is the middle one, but Clarence must know it, because there is no way to change that bearing in the water, because in the moment I loosen the quadrant, the rudder will fall down in the sea. The autopilot is a Raytheon 7000 and not a Autohelm 7000 and has total different connections. We drive back to Samana again with heavy rain and thundering and the people drive like crazy, it is a nightmare.

Sunday 6. August 2000

I call Tortola but neither Clarence nor his assistant is there, I give a message for Bob on the answer machine. Again we have some water in the bilge and the engine needs water. I order a mechanic for the fridge and he says, it is too much gas (frion) in the fridge. He releases some of the gas, but it doesn't make much sense. The fridge doesn't work properly.

Monday 7. August 2000

I take out the cigarette lighter plug in the cockpit because I was wondering why my GPS didn't work if I connected it to this plug. I find out, they connected the wires reverse. I change the plus and minus and now it works well. I call Bob and Tortola and Betty to get some money because I have already spend over 1500.- US$ from my own pocket. Betty sends me money immediately. But to get the money free from the western union people I have to call Betty three or four times, and off course nobody speaks English and always you need some guys to help with the translation. But one light on the horizon, nobody knows why, but the fridge is working well, we get the holding plate full with ice, maybe it was right to release some gas! I am happy today because I like to drink cold milk and we can buy some food again.

Tuesday 8. August 2000

Again water in the bilge, maybe it comes from the connection to the engine heat exchanger from the pipe, which goes into the hot water boiler. Also this can be the explanation that the engine needs water all the time but on the engine itself all the pipes are dry and nothing is leaking. But if the pipes are leaking by the connection to the tank, it can happen; that the water from the heat exchanger includes "antifreeze" is coming in the hot fresh water. I guess this is the explanation about my wife stomach problems she has whole the time, because she drinks tea with the hot water and the water doesn't taste very good at all. Fridge is working well; later on I find out, the fridge works only up to 2000 rpm than he stops again, I think still too much gas in it. Call Bob and Tortola, but in Tortola is carnival (I think it is always there) so nobody is there.

Wednesday 9. August 2000

I call Bob and Clarence. Clarence wants to fly in two "island technicians" from Tortola, what makes no sense and it is bullshit anyway because if they don't have the spare parts, what they want to do here? Even stupid Clarence even don't know with which kind of system the autopilot works, he speaks about hydraulic arm steering, but Braveheart has a chain steering on the Autohelm.

Thursday 10. August 2000

Call Bob and later Beneteau but I cannot talk to Ward, I only get the assistant Mike and this guy is also stupid anyway. Because he let me row back to the boat, to get him the serial and the hull number. Also I explain the mistake from Tortola about the wrong bearing and I tell him MY BEARING HAS SIX HOLES!!! Always I can stand in line by the telephone because around 30 people waiting for the telephone there. Mike promises me to send me the right rudder bearing as soon as possible.

Friday 11. August 2000

Call Bob and Tortola. Now they will send me the right Autohelm 7000 to. Try to call Beneteau but I can't reach neither Ward nor Mike. Again problem with starter. I clean contacts again and tight the connections but there are some problems in the wiring, even the RPM gage shortly falls out. After I check the wiring, it starts working again, but I don't know why! Again water in the bilge and engine needs water too. Starter works only after a few try to start. I tell Chico to try and find another electrician to check my starter.

Saturday 12. August 2000

Chico finds no other electrician and we take the starter out and I must give it to the stupid idiot again and he promises, he will not make a mistake. Of course he is thinking this is the fault from the magnetic switch and he goes again to Enagua with the bus to buy another magnetic switch. Of course he don't made it today and we must buy some ice cubes that our food don't get rotten again.

Sunday 13. August 2000

At noon the electrician comes with my starter and a new magnetic switch and we put the starter in again, but there are the same problems again. It works only after a few "click" and we try it many times. I nearly kill the stupid electrician, and he put back in my old magnetic switch and the starter before I throw him over board. He finds out some connection by the wiring are not tight correctly, but the starter works only few times and then he starts to make the same problems again.
I call Bob and I get the FedEx parcel number with the bearing. I call FedEx and the parcel is in St. Domingo and it should come tomorrow with the bus from "Caribe tours" to Samana.

Tuesday 15. August 2000

Parcel doesn't come and I call FedEx again and get the parcel number from Caribe tours but we can't find out where the parcel is. Also no clue where is the second parcel with the autopilot? Because after a lot of telephone calls with FedEx I find out, that the parcel was on Monday in

St. Domingo. A guy from banco popular helps me with telephone calls, because they don't understand English or don't want to understand.

Wednesday 16. August 2000

Dominican Republic get a new president today and all the people get drunk and make fiesta and of course nobody work, neither our parcel is coming. The alternator was not charging again and I nearly go crazy if I had the electrician on board, he will be dead immediately, because I found out that he not even connect the minus properly and one wire from the regulator got loose. I can fix and the alternator works again. All time a bus coming on we waiting by the bus station but no parcel for us is coming.

Thursday 17. August 2000

I call Bob, Tortola and FedEx and later one also Caribe tours and after loud arguments in the bus station from Caribe tours the start to check for the parcel. After many telephone calls and screaming and shouting to the stupid and lazy people we found out, the parcel with the rudder bearing is going to San Diago and not to Samana, even on the parcel was standing in big letters "SAMANA" the parcel for proof is on the boat! Now they will get it so soon as possible to Samana. After many calls to FedEx we found out, our parcel with the autopilot was collect in St. Domingo from a guy named Iglesias Ruiz and the mean serious, that it is my problem to find the parcel and the guy in St. Domingo. Again loud arguments from my side and reply to the manager from Fedex the stupid idiots will try to get my parcel back and will send it, if they find the parcel, with Caribe tours to Samana. Believe me; I get a lot of grey hairs in this time!! I don't know if you understand, what's going on there, always waiting in line to get a free telephone and nobody will to the search, because this is work, and nobody will understand English of course. I'm sure, I break all records, and never somebody must make so many telephone calls on a delivering job! Between nearly I must get the Police because the electrician disappeared in the meantime and he don't had given my money back, I was few times by his house to search for him.

Friday 18. August 2000
We get from our friends from another sailing boat the warning from a hurricane because they have single side band and we go to the

102

commander to get the permission to go in the national park where it is more safe and we can tie up to the mangroves, what even is not easy because on the boat we have only 4 (four) ropes with each maybe 30 feet!!! But the friend from "Lordsway" will lend us some lines. The commander let us wait more than two hours and of course in the end he want some tip but I don't like to bribe him and get very loud and shout at him and threat him to get the minister of tourism and I will get his ass! After my arguments we get the permit in five minutes! The parcel was not coming in this time and we go 1540 to the Bay of Lorenzo to the national park, the rudder bearing start with loud noises again of course, but the autopilot, what was drying out in the time was working again, but how long?

Saturday 19. August 2000

We check out the area and sound the depth to some places in the mangroves and by the river. I go diving and clean the barnacles off from the prop and log again. We let dry the mattress in the sun because they are all wet because it was raining a lot in the last days. Starter makes again problems and I'm afraid I must get it checked!

Sunday 20. August 2000

All was quiet and we go back to Samana in the hope our parcel are coming on in the time. The windless make some problems and want work only after we moved by hand it was working. Few miles from Samana "Resolute" come against us and give us over VHF the warning that the depression have formed to a tropical storm called "Debie" and will come to a hurricane in direction to Puerto Rico! "Lordsway" turn back immediately to the national park, but I decide to go back to Samana to get the parcel and fix the rudder bearing and hope that this warning will stay also so quiet like the last one, but it wasn't! We set our two Anchors in the Harbour and I dig them in with full power backwards and all the chain and line what I can give to prepare it for the hurricane. We get the parcel with the rudder bearing and I don't believe it, it is the wrong one again and this from the Manager from Beneteau, I'm surrounded by idiots?? This bearing is shorter and has no socket and 8 holes not six, what's going on with these stupid idiots by Beneteau! I take the old bearing out and fixed temporary the wrong middle bearing on the top that the rudder stock cannot move so much and I give the bearing to someone to drill me six holes in it, that I can

103

fix this wrong one and hope it will work to the way back to Florida. Call Bob and left a message by Beneteau about the bearing. Starter again problems and I force Chico to find me another electrician and he promised me to bring one from another town.

Monday 21. August 2000

Hurricane "Debie" should reach Puerto Rico tomorrow and direct coming over Samana. In the harbour the people get prepared for the hurricane and I get the bearing back with six holes and take it in and it looks not bad and I hope it will work. The Parcel with the Autohelm is coming today but it is a used one, but don't care it´s working and I put the Autohelm in! We prepare the boat for the hurricane, tie the main up and remove the bimini and by this time all the pipes from the bimini falling in parts, all the screws on the pipe are rusty and don't turn anymore, so no way to tie it again. In the whole town is no power anymore and we go late afternoon in the hotel, I have done for the boat as much as I can in the moment and hope "Braveheart" will make it through the hurricane!

Wednesday 23. August 2000

The night was rough with gusty winds but for "Braveheart" no problem and the anchor were holding well. The morning was quiet again and I call David Jones from the weather station in Tortola and he warns me that we get some gusty winds with heavy rain in the afternoon. He was right in the afternoon we get heavy rains with gust from SSE 6-7 BFT and strong swell again but no problem our anchor holding again very well.

Thursday 24. August 2000

Chicos motor doesn't work and we must look for someone else to get back on board. In the boat is everything wet because of the leaking hatches but the rest is all well and no damages. Later bring Chico another electricians and he check the starter with me, of course I have started 30 times and no problem at all, not once the starter make "click" always he start by the first time! But the electrician found by the wiring that some wire are melted together and this could be the problems for the starter or also that the alternator was destroyed. We prepared the boat to go tomorrow and I go to the commander to get the clearance for tomorrow. We was there at 1500 hours and the commander promised the papers will be ready at 1700, of course nothing was ready and they let me wait again one hour and then they say I must come tomorrow morning again. I nearly go crazy and I start with loud shouting and arguments again and threat with the minister and a little bit later I get the clearance, I think they are happy that I go.

Friday 25. August 2000

After I check the weather report we go between two tropical waves but with a good window and go in directions Great Inagua (Bahamas). We get a nice sail with strong swell from behind but the rudder bearing stay quiet in this moment and I hope it will be so on the whole way.

Saturday 26. August 2000

We have two reefs in the main and sometimes also a reef in the genoa and we make between thundering and gusty winds an average of 6.11 Knots and a etmal from 146,6 SM. The wind was coming stronger and we made an average with the small gib from 6.73 Knots but the rudder bearing start to make some noises again, but not loud in the moment, but the noise is there again!!

Sunday 27. August 2000

0430 after a thunderstorm the wind change direction and I want to start the motor, but nothing anymore also after many try's only "click" I go down and I found out the error must be in the wiring at all, because if I start the engine direct on the magnetic switch with a screwdriver the starter works immediately so I'm take it easy then I know I can start on the starter direct without problems. Short time later the alternator was not charging and after moving the wires and try on the connections it works again. In the middle of the thunderstorm the engine go hot and got over 100° Celsius. I take the thermostat out clean it and cook it on the stove and it was working well again after I put it in again. We set the anchor in Great Inagua at 1435 but it was Sunday so not customs at all and we get a nice rest after the 309 SM from Samana to the Bahamas by sometimes rough sea.

Monday 28. August 2000

The windless again won't work and need a few tries to start to work again. The starter will only start direct on the magnetic switch again. We want clear the customs but they are on the airport and coming late back. We pay 110 US$ to get the permit for the Bahamas and get clearance at the same time that we don't have to stop at Bimini to clear out. Windless again with problems and on the way the motor starts to go hot again. I take the thermostat completely out but the engine stay too cold in that way, not even 40° Celsius so I try to put a socket between to hold the thermostat the whole time a little bit open and the motor can't go hot. But again the motor doesn't get warm and I don't like to go a long way with a cold engine, it is not good for the motor at all. We have not much wind in the moment so we stay on the hook in the man of war bay for the night and I take the thermostat out again to try to fix in another way, also to wait if the trough would become a tropical system in the moment and should be come from west.

Tuesday 29. August 2000

No wind at all and we go with the motor and the thermostat is working well in the moment. The whole day the sea is "deathly calm" and no wind, on 1900 some swell come up from east. I get a weather report from a container ship and we go further on with motor because to wait for wind I think we still in the Bahamas. Shortly before midnight the motor start to go hot again! On all side around us we see thundering, but we stay in a clear window.

Wednesday 30. August 2000

After "Mira passage" I take the thermostat out again and try to adjust him mechanic and take it in again and it was working nearly well again. 0706 we set the anchor to get a rest and hope we get some wind and I take the thermostat out again and try to adjust it better to get to the right temperature. We fill the diesel from the jugs in the tank that we have no problems if we must go further on with motor. Again the alternator doesn't charge full and get not even 12.5 Volt in. I check the wires again and try to fix the wires and the minus on the alternator properly and clean the contacts again and I get it to work again properly and it makes closely 14 Volt again! We go at 1510 with motor and come to sail at 1800 until midnight and then the wind drops down and we must motor again.

Thursday 31. August 2000

No wind and we motor to Cape St. Maria and go on the hook to take a rest and hope for wind in the Calabash Bay at 0925. Windless again troubles! At 1445 we go with motor further on, we try to sail but I give up after 4 SM only swell and nearly no wind and I will stay in that window to get to Florida in good weather. At 1800 the motor goes hot again, he has lost water from the heat exchanger but I don't know where because the container for the cooling water is still full with water. I fill the heat exchanger up again and we go further on. Later I get an idea and take the thermostat out again and give a small nut between and so I get less space open and the motor hold a temperature around 60° Celsius and this was working the whole time back to Florida. Alternator start only working again after I moved the wiring and make some contact again, I don't like this sh... to fool around with the wires and don't know what's going on. I'm sure it is in the wiring some thermic error and this is not easy to find this problem!

Friday 1. September 2000

We go at 1038 to the petrol station in Highborn cay and take some fuel, in the tanks 28,5 Gallons and I fill up the Jugs again with 21,50 Gallons to. We go on the hook at Alans cay for a rest and I take out the thermostat again and adjust it a little bit, and we wait for a little bit of wind. And we must wait for the morning to go over the "banks" with "eyeball" navigations!

Saturday 2. September 2000

We go 0825 over the banks with motor but it is no wind at all. At 1415 we have a stormy thundering front behind us and we was sailing only 2 SM with sails on, I see a small rubber dinghy in distress 20 SM away from the coastline on position24°45′2 N - 77°20′0 W. They got problems with their compass it was not working and they want go back to Nassau but going in direction west and running out of petrol too. I take the three people on board and let them rest and we tow the dinghy to bring the people close to the coast from New Providence Island. At 1630 we see the coast and the people can go on there own back to Nassau. We set the hook in the SW bay from New Providence Island because we have time enough and I don't want go in to the NW channel in the bank in the dark for that reason we take a rest. I can't sleep anyway and we go from SW bay at 2050 with sails on and nearly no wind, we make not even more then 2 Knots speed, but we have time so we go on. But on 2200 hours we got good wind and going too fast and make sometimes over 9 Knots so I give a reef in the Genoa that we make it slow not to get in the dark to the entrance in the NW channel.

Sunday 3. September 2000

At 0600 the wind drops down and we motor into the banks at 0705 we have the NW channel light on our BB side and going with motor without any wind over the banks. 1712 we got the North rock light on BB side and leave the Bahamas. 1832 on position 25°50´3 N - 79°24´8 W I got strong vibrations on the shaft and we have something in the prop. I go diving and with the return I can released and get free again, it was an old part from a mooring line with a plastic bottle on it. We go on the way again and the shaft is clear without any vibrations. Now I'm sure the fridge work only up to 2000 RPM over that he stops working!! We motor without wind and swell in direction Ft. Lauderdale.

Monday 4, September 2000

At 0025 we passed the entrance to Port Everglades and at 0045 we put the main down in the turning basin and go to the intracoastal in direction Bahia Mar marina. Five minutes before Bahia Mar Marina the fan belt broke and the engine start to get hot, we go alongside on the marina because nobody answer on the VHF we are tie at 0135 in Marina Bahia Mar! I try to contact customs but no answer on the telephone so we go to sleep. In the morning I clear the immigrations but the customs don't work because of the holiday (Labour Day). I fixed the emergency fan belt but he jumps off immediately, I try it again and it jumps off again, I make it tighter the same again. Then I had the idea that something sticks in the alternator and I take off the charging wire from the regulator and now the fan belt stays on. We go on our place 243 on Dock B!

Tuesday 5. September 2000 We clear customs and clean the boat. The fridge is working well again with 1500 RPM only. 1500 we meet Rudi a Austria guy, and a man from moorings on board.

Brief an Dough Wade:

Key of Life  Co.Ltd.                Sailing Club ANKH
**Erich Beyer, Dir.   Postfach 377    A-1140 WIEN  -  AUSTRIA**
**E-mail: SEGELCLUB.ANKH@VIENNA.AT**
**HTTP://WWW.8UNG.AT/ANKH**

Ft.Lauderdale 6. September 2000

Sorry but my provider in Austria have problems with IPASS connection and I cannot go into my email or Internet, for that reason I must send you a fax!

Hello Mr. Wade!
This is only a quick look and the details I will write down soon and make a correct bill! But that you know how much a get a short brief about the costs! Sorry for my English it is terrible! But I hope you will understand it.
We spend for repair, telephone, Part, customs, hotel, Rent a car, air tickets, fuel and so on already 2305,28 $ for the delivering we have fixed 2000.- $ and we have delay in Tortola 3 days and in the Dominican Republic 25 days what was not our fault and normal I don't wait so long because we already loose a other delivering job and our own boat cost as 5 weeks Marina also. The price for the delay is per day 200.-$ for me and Crew so 5600.-$ also we must buy food very expensive in the Islands also our food what we have already bought in Tortola go rotten because of the repair we have no fridge at all. For 4 weeks food for two people 600.-$ and we must eat in restaurant because we can't cook on the way to St. Domingo for the Spare parts and we must eat in the time by the Hurricane "Debie" so also 200.-$ and I have made it very cheap because normal two people cannot eat in restaurants for 200.-$ Breakfast, dinner and lunch for 200.-$ and also no way to buy food for two people for 4 weeks for 600.- $ so all together will be 10705,28 US $ and I get from Betty already 2000.- $ so the rest will be 8705,28 US$. I hope you agree and don't let me wait long for my money because we don't want to stay very long in Fort Lauderdale because we will go on

our boat and down to the keys to save the cost for the Marina what cost all day 40.-$

Bob told me that it is possible if you agree that he give me a check, because my account is only two Austrian Banks and that cost too much to send it on this account. The rest and a report from all things was happened you get so soon is possible for me to write it down, even Photos for proofs you can have if it's helpful for you. All the best and waiting for the answer,

Sincerely you're Skipper

Erich Beyer & Gabriela

Bücher von mir die noch erschienen sind:

„Mit jeder APP wirst mehr zum Depp" 132 Seiten  Paperback
ISBN-13:9783751956161    E-Book  ISBN

https://www.bod.de/buchshop/mit-jeder-app-wirst-mehr-zum-depp-erich-beyer-9783751956161

„Zum Denken verurteilt"   316 Seiten Buch ISBN: 9783734751295
E-Book  ISBN-13: 9783749414017

https://www.bod.de/buchshop/catalogsearch/result/?q=9783734751295

Unter dem „Key of life" 1. Teil          Buch ISBN-13: 9783743152038
„Weltumsegelung, der 3. Versuch"       476 Seiten davon 75 in Farbe
E-Book   ISBN 9783749414888

https://www.bod.de/buchshop/unter-dem-key-of-life-1-teil-erich-beyer-9783743152038

Unter dem „Key of life" 2.Teil         Buch ISBN-13: 9783743195677
„Bermuda Dreieck und zurück"    280 Seiten davon 86 in Farbe
E-Book ISBN  9783749415595

https://www.bod.de/buchshop/unter-dem-key-of-life-2-teil-erich-beyer-9783743195677

Unter dem „Key of life" 3. Teil          Buch ISBN  9783746016283
„Der vorletzte Kontinent"              436 Seiten davon 254 in Farbe
E-Book  ISBN 9783749443215

https://www.bod.de/buchshop/unter-dem-key-of-life-3-teil-erich-beyer-9783746016283